KB107186

# 이너차일드는 원하고 있다!

감정 억압의 단계들로부터 치유되는

이너차일드 성장의 모든 것

# 이너차일드는 원하고 있다!

## 유이 토라코 저

# 추천사

## 하세가와 키세이(동종요법 전문가)

저는 동종요법을 2012년부터 가르쳤고, 2018년부터는 동종요법 전문가로 활동하고 있습니다. 동종요법과 함께 일본 호메오퍼시재단 이너차일드 테라피스트로도 활동하고 있습니다. 동종요법 상담을 하다 보면 심리적인 문제도 함께 살펴야 하고 영적인 문제와 카르마적인 문제까지도 다루어야 할 때가 많습니다. 동종요법은 몸, 마음, 영혼 3가지를 하나로 보고 통합적으로 치유할 수 있어야 합니다. 실제로 몸이 좋아지면 마음이나 사고방식도 변화가 생겨 새로운 삶을 살아가는 사람들이 종종 있습니다. 하지만 대부분의 사람들은 어느 정도 몸의 증상이 완화되면 상담을 그만둡니다. 혹은 깊은 내면을 바라보기 싫어서 회피하는 사람도 있습니다. 중환자일수록 내면의 문제가 크고 몸과 함께 이너차일드의 문제를 바라보지 않으면 치료하기 어려운 경우가 대부분입니다.

저는 동종요법 건강상담만으로는 환자를 변화시키는 데 한계가 있다고 느꼈습니다. 이너차일드에 대해 체계적으로 전달하고 스스로 자기 마음을 바라보며 치유할 수 있는 힘을 키워나가는 교육과정이 필요하다고 생각했습니다. 그런 와중에 코로나 시대를 맞이했습니다. 저는 이 코로나 사태를 지켜보면서 인류의 의식 수준에 변화를 일으키지 않으면 안 되겠다는 생각을 깊이 했고 이런 의식 수준의 변화를 이루기 위해 최선을 다해야겠다고 생각했습니다.

코로나 팬데믹 상황이 되면서 많은 사람들의 마음속에 있는 불안, 공포, 이너차일드의 문제가 표면으로 드러났습니다. 본격적으로 이너차일드의 문제를 풀어나가야 하고 인류의 의식을 변화시켜 나가야 하는 시대라고 생각했습니다. 코로나 사태 속에서 내가 왜 한국이라는 곳에서 동종요법을 안내하고 학생들과 환자를 만나고 있는지 자문해 보았습니다. 더구나 저는 한국인도 아닌 일본인이고, 외국인으로 한국인의 마음 치유까지 감당하기는 어렵다고 생각했습니다. 그런데 문득 이 상황은 외국인이나 한국인이나를 따지고 있을 상황이 아니라 '내가 할 수 있는 일을 내가 있는 곳에서 하면 된다.'고 생각하게 되었습니다. 이윽고 2020년 초반, 사람들을 만나 그들을 치유하는 것이 나의 역할이고 사명이라는 생각에 치료사로서 최선을 다하자고 다짐했습니다.

코로나 사태 속에서 온라인 강좌가 폭발적으로 늘어나고 많은 사람들이 집에 있는 컴퓨터 앞에 앉아 만나는 것이 자연스럽게 되었습니다. 대면 수업이 어려운 상황에서 온라인을 통해 이너차일드 치유를 할 수 있도록 이너차일드 강의와 무료 상담을 2020년 가을부터 시작했습니다.(약 100여 명 진행함. 2022년 9월 현재) 많은 사람들이 자신의 내면 문제를 알아차릴 수 있도록 한 사람이라도 놓치지 않고 돕는 것이 목적이었습니다. 상담으로 자신의 이너차일드를 치유하고 싶은 사람들을 위해 이론 수업과 실천(감정일기 쓰기)이 가능한 교육과정을 만들었습니다. 동종요법 건강상담에서 하지 못했던 내용을 충분히 만날 수 있도록 준비했습니다. (「홀리스틱 호메오퍼시연구소 무지개」에서 진행하는 이너차일드 케어 코스)

몸과 마음, 그리고 영혼까지도 치유할 수 있는 동종요법 이너차일드 치유는 단순히 마음의 문제뿐만 아니라 몸의 증상과도 관련이 있으며 그 두 가지가 연결되어 있음을 실감할 수 있는 매력적인 작업입니다. 자신의 이너차일드가 치유된다는 것은 단순히 나 혼자만의 영역으로 끝나지 않습니다. 사회와 지구, 우주의식에도 영향을 미칩니다.

『이너차일드가 외치고 있다!』(유이 토라코 저 「インナーチャイルドが叫んでる！」일본 호메오퍼시 출판)의 추천문을 쓰신 심리학자 사이토 케이이치(斉藤啓一) 선생님이 이렇게 말씀하셨습니다.

"이너차일드(내면의 어린아이)란 부모와의 부적절한 관계 속에서 받은 상처가 어른이 되어도 치유되지 않는 채 남아있는 어린 시절의 기억이다. 아니 단순한 기억이 아니라 지금도 치유되기를 기다리고 원하고 있으며, 마음이나 몸, 그 사람의 운명에도 큰 영향을 주는 내 속에 사는 또 하나의 인격체라고 말할 수 있다. 만성적인 심신의 병, 끝없는 인간관계 문제를 가진 사람은 크고 작은 이너차일드가 내재되어 있다고 해도 과언이 아니다. 당연히 이것은 사회 그 자체에도 심각한 영향을 준다. 즉, 이너차일드를 치유한다는 것은 대부분의 심신의 병을 치유하는 것이고, 사람과 사회의 행복에도 영향을 미치는 것이다."

「홀리스틱 호메오퍼시연구소 무지개」에서 진행하는 '이너차일드 케어 코스'는 한 달에 1회 감정일기 쓰기와 그룹상담, 두 달에 1회 진행되는 상담과 더불어 한 달에 1회 진행되는 이론 수업으로 구성됩니다. 이론 수업에서는 청각, 후각, 시각, 촉각의 문제, 각 감정에 해당되는 레메디 소개, 차크라의 레메디를 소개합니다. 함께 명상하면서 제5감뿐만 아니라 제6감도 키울 수 있도록 진행합니다.

감정일기를 쓰는 것은 자신의 감정을 바라보고 이너차일드를 스스로 치유하는 중요한 작업입니다. 그 작업을 위해서는 각 감정이 어떻게 만들어졌고, 감정의 변화, 그리고 감정과 몸의 질환이 어떻게 연결되어 있는지 알아야 합니다. 그렇기에 이 책은 주요 교재로도 사용됩니다. 유이 토라코 선생님이 쓰신 이너차일드 치유 책은 여러 권이 있는데 『이너차일드는 원하고 있다!』는 그중의 하나이고 나머지는 『이너차일드 이론과 실천』, 『병원체와 이너차일드』 (유이 토라코 저, 「インナーチャイルドの理論と癒しの実践」, 「病原体とインナーチャイルド」 일본 호메오퍼시 출판) 등입니다. 이 책들은 동종요법의 시선으로 감정을 바라보고, 몸과 마이아즘과의 관계, 병원체의 관계까지도 깊이 전달하고 있는데 이것은 동종요법에서도 생소한 부분이지만 최근에는 주목을 받고 있습니다.

이너차일드를 치유하게 되면 자신을 사랑하게 되면서 생각하지도 못한 상대에게서 자신에 대한 인정과 위로의 말들을 듣게 되는 경험을 종종 합니다. 스스로가 변화하면서 일어나게 되는 기적 같은 일인 것입니다.

반복되는 동종의 사건은 반복될수록 감정의 억압 강도가 강해집니다. 마음속의 알 수 없는 응어리나 우울감은 자신의 인생을 살지 못하게 합니다. 하지만 강한 억압이나 우울감의 경험을 직면하여 자기 자신을 돌아보고, 하나하나의 이너차일드를 치유하고 해방시켜 나가야 합니다.

유이 토라코 선생님이 동종요법과 심리치료를 통합시켜 만든 동종요법 이너차일드 치유는 감정의 변천 과정을 설명함으로써 스스로 이너차일드를 치유할 수 있도록 도와줍니다. 동종요법 레메디와 배치 플라워 레메디도 치유 과정을 돕습니다. 그리고 이너차일드 케어를 위한 상담과 감정 일기 쓰기, 매일의 명상 활동 또한 자신의 이너차일드를 만날 수 있도록 자기 내면에 집중하게 합니다.

이 책을 통해서 이너차일드가 형성되어 가는 과정과 감정의 변화, 몸의 증상이 어떻게 연결되어 있는지를 자세히 알아갈 수 있을 것입니다. 이 책을 읽는 모든 분들에게 자신이 어떤 감정을 억압하고 있었는지 내면에 어떤 가치관이 있는지를 알고, 또 그 가치관이 언제 형성되었는지를 생각해 볼 기회가 되었으면 합니다. 이런 작업을 계기로 내면을 바라보고 자신의 이너차일드를 치유해 나간다면 각자의 행복은 물론 세계를 변화하는 원동력이 될 것입니다.

우리는 작지만 힘이 있는 존재입니다. 그리고 이 힘을 조건 없는 사랑으로 사용한다면 세계와 은하, 우주까지도 그 사랑의 빛이 퍼져나갈 것입니다.

이렇게 한국어판을 제작해주신 햇무리출판사와 또 번역을 해주신 박혜정선생님, 함께 마음을 나누고 성장해 온 이너차일드 케어 수강생들에게 감사의 마음을 전합니다.

당신은 소중한 존재입니다.
그리고
있는 그대로 충분히 아름답고 사랑스럽습니다.

## 시작하며

이너차일드란 '사랑받지 못하고 상처받은 아이인 자신' 혹은 '어떤 가치관에 의해 부정당하고 슬퍼하는 자신'을 말합니다. 이 책은 『이너차일드가 기다리고 있다!』(유이 토라코 저, 「インナーチャイルドが待っている!」, 일본 호메오퍼시 출판)의 속편이자 이너차일드 및 감정의 본질을 한층 더 파고들어 『이너차일드가 기다리고 있다!』에서 나타낸 감정의 변천을 상세하게 풀어내려고 합니다.

병의 증상은 '병원체나 이물질이 체내에 침입하고 있다.'리는 메시지인 동시에 병원체나 이물질을 배출하려고 할 때 생기는 고마운 것입니다. 물론 현대의학은 증상을 나쁜 것이며 억압해야 할 것으로 여깁니다. 그러나 그것이 잘못된 사실임을 제대로 된 치료가라면 누구나 알고 있습니다. 같은 맥락에서 감정이란 '가치관이 마음속에 침입하고 있다.'라는 메시지인 동시에 가치관을 배출하기 위해 생긴 것이라는 생각을 하게 되었습니다. 그런 생각으로부터 증상 억압의 여러 층과 대응되는 감정 억압의 여러 층이 존재한다는 것을 알게 되었습니다. 이렇듯 감정이란 가치관을 배출하기 위한 증상, 이른바 '마음의 증상'임을 확신하고 감정 억압의 여러 층에 있는 '감정의 변천'이라는 완전히 새로운 개념에 대하여 이 책에서 풀어내고자 합니다. 또한 '감정의 변천'이라는 개념에서 고안한 이너차일드 치유법도 아울러 소개할 것입니다.

저는 동종요법 전문가로서 일본에서 18년에 걸쳐 동종요법 건강 상담을 해왔기에 많은 사람들이 죄책감에 시달리고 있다는 것을 실감하고 있습니다. 저도 예전에는 스스로가 사랑받을 가치가 없는 인간이라고 믿어온 이너차일드가 있었고, 그 때문에 괴로워하며 몸부림치고 절망하면서도 어떻게든 살아왔습니다. 시간은 걸렸지만 포기하지 않고 자신을 바라본 결과 이너차일드가 어떻게 치유될 수 있는지 알게 되었습니다.

이너차일드를 스스로 치유하는 것은 어렵다고 생각하는 사람들을 위해서 일본 동종요법 재단이 인정하는 '이너차일드 테라피스트' 전문가 육성과정을 시작했습니다. 현재 CHhom(College of Holistic Homoeopathy)이 주최하여 개강하고 있는 '이너차일드 테라피스트 양성 코스'(전 20회 1년 코스)의 성과도 함께 구체적으로 설명하겠습니다. 슬픔, 두려움, 분노, 죄책감, 원망 등의 감정에 휘둘려 힘들게 살아가는 사람들이 조금이라도 편안한 삶을 살았으면 하는 염원을 담아 이 책, 『이너차일드는 원하고 있다!』를 썼습니다. 이 책이 스스로의 감정과 그 내면에 있는 가치관을 바라보고 이너차일드를 치유해 자신을 해방하는데 도움이 되기를 바랍니다.

# 한국어판 출간 서문

이너차일드에 관련된 책이 한국어로 번역, 출판되어 진심으로 기쁩니다. 슬픔은 사랑받길 원해도 사랑받을 수 없을 때 생겨나고, 공포는 사랑받길 원하지만 자신에게는 사랑받을 가치가 없다고 생각할 때 생겨나며, 분노는 사랑받길 원하지만 사랑받지 못할 때 사랑해주지 않는 상대방이 나쁘다는 생각에서 생겨납니다. 모두 다 상대방에게 사랑받길 원하는, 상대방에게 의존하고 있는 상태입니다. 의존하고 있는 것은 어린 시절의 자기 자신이며 이너차일드입니다.

어린 시절, 원했던 것을 얻지 못하고 불만족한 상태로 참아 왔기에 미해결된 감정이 계속 남아 "나를 사랑해줘!"라고 외치는 것입니다. 평가당하는 것, 칭찬받는 것, 인정받기를 원하는 것 모두 근원에는 "나를 사랑해줘!"라는 생각이 자리 잡고 있습니다. 의존하고 있는 동안에는 자립할 수 없으므로 어른이 될 수가 없습니다. 어떻게 하면 그 마음을 채워줄 수 있을까요?

슬픔의 경우에는 어른이 된 당신이 슬픔의 이너차일드에게 공감해주며 "괴로웠지, 잘 참아왔어."라고 말을 걸어주고 상상으로 이너차일드의 소망을 들어주세요. 어머니에게 사랑받고 싶었다면 어머니에게 사랑받는 모습을 상상하여 이너차일드의 마음을 채워줍니다. 어머니에게 사랑받는 것을 상상하기 어려운 경우에는 어른인 당신 자신이 사랑해주세요. 슬픔의 경우 '쓸모없는 자신'을 용서하는 것이 이너차일드가 바라는 것입니다. 용서하는 것이 사랑받는 것입니다.

공포의 경우에는 "사랑받지 못해서 무서웠지. 나도 잘 알아."라고 공감해주고 사랑받기 위한 조건, 예를 들면 시험에서 백점을 받아 어머니가 아주 기뻐하며 "아주 잘했어, 정말 대단하다!"라고 말해 주는 것을 상상해 이너차일드의 마음을 채워줍니다.

분노의 경우에는 "그런 식으로 말하다니 네가 화낼만 했어."라고 공감해주고 "그래도 화나는 걸 잘 참았네."라고 말해 줍니다. "이젠 더 이상 참지 않아도 괜찮아. 엄마한테 하고 싶은 대로 말해도 괜찮아."라고 말해줍니다. 그리고 이너차일드가 "엄마는 바보야. 내 기분을 조금은 생각해 달라고!"라고 말하도록 해줍니다. 분노의 감정으로 어머니를 때려도 괜찮습니다. 참아왔던 분노 감정을 해방해 주세요.

분노를 해방하면 '자신이 옳고 상대방이 틀렸다.'는 생각에서 '상대방이 옳을지도 모르고 내가 틀렸을지도 모른다.'는 생각을 하게 되기도 합니다. 솔직함과 겸허함이 커져서 '내가 틀렸다, 내가 나빴다.'라고 인정할 수 있게 됩니다. 그러면 쓸모없는 자신을 인정할 용기가 생겨 슬픔의 감정으로 돌아갈 수 있습니다.

이렇게 참아온 감정을 해방하는 것으로 자신이 진짜 원하는 것이 무엇인지 명확해집니다. 그것은 사랑받기를 원했던 것입니다. 사랑받지 못했던 슬픔이라는 감정으로 결국 돌아가게 됩니다. '내가 쓸모없기 때문에 사랑받을 가치가 없다.'라는 것은 현세적 가치관일 뿐이고 사람에게 있어서 정말로 소중한 것은 상냥함과 배려, 그리고 큰 사랑입니다. 현세적 가치관을 느슨하게 하기 위해서는 쓸모없는 자신을 받아들여야 합니다. 수용하는 것으로 현세적 가치관이 느슨해지게 됩니다. 예를 들어 '시험에서 100점을 받지 않으면 안 된다.'라는 가치관은 시험에서 30점을 받아도 어머니가 받아들여주는 모습을 상상하는 것으로 슬픔이 치유되어 '시험에서 100점을 받으면 안 된다.'라는 현세적 가치관이 느슨해지게 됩니다.

이너차일드 치유는 이처럼 감정이 생기는 원인을 상대방이 아닌 자신에게서 찾아 상처투성이인 자신을 똑바로 바라보고 공감하여, 참아온 감정을 해방하고 채워지지 않았던 마음을 상상으로 채워주며(이너차일드의 소망을 이루어 준다) 쓸모없는 자신을 인정하고 받아들이는(사랑하는) 작업입니다. 수용(사랑)이 늘어날수록 마음이 가벼워지고 자유롭게 살아갈 수 있게 되어 행복해집니다.

한국에서도 많은 분들이 이너차일드를 치유하고 억압된 감정과 현세적 가치관을 해방함으로써 고통이 줄고 행복이 늘어 진정으로 자유롭게 살아갈 수 있기를 진심으로 기원합니다. 이 책이 이너차일드 치유에 도움이 된다면 그보다 더 큰 기쁨은 없을 것입니다.

사람 사이에 우열은 없습니다. 역할이 다를 뿐입니다. 모두 동등한 가치가 있고 전체를 지탱하기 위해 필요한 존재입니다. 마찬가지로 사람, 동물, 식물, 곤충, 광물, 미생물 등 지구에 존재하는 모든 것들은 동등한 가치가 있고 지구라는 생명체를 유지하기 위해 없어서는 안 될 존재들입니다. 인류가 서로를 존중하고 손에 손을 잡고 함께 협력하며 살아가고 같이 번영하기 위해서는 이너차일드를 반드시 치유해야 합니다 마지막으로 이 책을 출판하기 위해 애쓰신 하세가와 키세이님, 번역해주신 박혜정님, 출판해 주시는 햇무리출판사, 그 외 이번 책 출판에 관련된 모든 분들께 진심으로 감사드립니다.

# 차례

추천사　　　5

시작하며　　　12

한국어판 출간 서문　　　15


## 프롤로그

그 가치관은 옳은가?　　　28

외부의 가치관에서 벗어나다　　　30

정신세계의 덫　　　32

가치관 탐색으로 해방하다　　　34

여자아이들에게 괴롭힘당한 남자 초등학생 사례　　　36

현세적인 가치관의 정체 = 사랑받기 위한 조건　　　38

'감정일기'로 가치관을 명확히 하고 해방하다　　　41

가치관이야말로 병의 근원　　　49

감정은 고마운 것! 증상이 고마운 것처럼　　　51

감정은 이렇게 변천한다　　　52

## 제1장 | 제1단계  무감정

감정의 기원, 근원적인 가치관 '산다는 것은 선'  58

천개의 머리를 가진 히드라 = 개선 마이아즘의 정체  61

병의 근원은 '사랑받기 위한 가치관'에 있다  65

아기가 순진하다는 생각은 큰 착각  67

부모는 자신을 비추는 거울  69

할머니의 가치관을 삶의 마지막에 넘어선 사례  70

## 제2장 | 제2단계  의심이라는 공포

'가정교육'이라는 이름의 가치관 강요  74

의심은 감염의 초기증상  77

의심이라는 공포는 가치관 감염의 제1의 메시지  79

의심이라는 공포의 정체  82

자신의 가치를 의심하는 것에서
가치관 자체를 의심하는 것으로 옮겨지다  83

아이가 걸리는 병에는 의미와 역할이 있다  85

## 제3장 | 제3단계  슬픔

슬픔 = 이너차일드의 출현  90

슬픔을 느끼고 울어서 가치관을 배출하다  94

슬픔의 레메디  96

슬픈 일을 떠올릴 수 없을 때　　100

## 제4장 | 제4단계　만성 공포

내면에 보물이 있다!　　104

'미래에 대한 공포'가 만들어 내는 행동　　106

만성 공포로부터 탈출하려면　　111

임질 마이아즘 = '타인보다 뛰어난 것이 선'　　112

임질 마이아즘으로부터 생겨나는 가치관이 노력을 하게 만든다　　114

만성 공포에 대응하는 몸의 증상 = 미열과 습진　　118

## 제5장 | 제5단계　분노

슬픔이 분노로 변할 때　　122

죄책감은 분노의 일종?　　124

분노나 죄책감은 책임 전가　　125

분노는 알레르기　　128

알레르기의 원인에 예방접종이 있다　　129

동종요법에 의해 예방의학이 변한다　　131

알레르기에 대응하는 레메디　　133

죄책감은 아토피성 피부염과 천식　　134

분열된 자신을 통합하여 슬픔이라는 감정을 되찾는다　　137

분노가 가져오는 행동의 본질　　139

책임 전가 패턴과 해결 방법　141

책임 전가의 '동정' 패턴　145

대항 가치관에 의한 책임 전가 패턴 1　146

대항 가치관에 의한 책임 전가 패턴 2　149

이중 부정 패턴　152

긍정적 사고의 폐해　156

쓸모없는 나를 받아들인다　159

슬픈 이너차일드 찾기　161

아이 학대로 고민하는 어머니의 사례　162

'자신을 소중히 한다'라는 과제　169

## 제6장 | 제6단계　깊은 슬픔

독혈증 개선의 길을 막는 '억압'　174

깊은 슬픔의 출현　177

분노나 죄책감을 억압한 가치관에서 벗어나다　179

감감작요법이란　181

아버지에게 굴복당한 사례　183

## 제7장 | 제7단계　원망

원망은 사람을 힘 나게 한다　186

어머니에게 지배당해 딸을 지배한 사례　190

노력 역전의 법칙　195

선열 억압이 만성 피로 증후군을 가져온다　197


## 제8장 | 제8단계　깊은 죄책감

깊은 죄책감의 정체　200

알레르기를 억압하면
관절 류머티즘이나 자가 면역 질환이 된다　203

깊은 죄책감과 깊은 자기부정감의 의미와 역할　207

유이 토라코의 사례　209


## 제9장 | 제9단계　절망의 공포

내부 염증을 멈추게 하면 암으로 변한다　214

신경계에 작용하는 감염증　215

절망의 공포가 의미하는 것　218

부끄러움은 절망의 일종　221

절망적인 부끄러움의 사례　224


## 제10장 | 제10단계　무감정

감성이 가 닿는 곳　228

## 에필로그

감정의 단계별 치유법　　234

유이 토라코의 이야기로 본
감정의 변천과 이너차일드의 치유　　240

마지막으로　　264

## 이너차일드 케어 코스 체험담

## 이너차일드 치유 상담 사례

감정의 열쇠, 이너차일드　　268

몸마음밸런서 김주리를 사랑합니다　　272

나에게 친절히 대하는 방법　　277

이너차일드 치유 사례　　280

**★ 일러두기 ★**

1. 이너차일드(Inner child)는 어린 시절의 상처와 아픔을 간직하고 살아가는 어른의 내면에 있는 내면아이를 말하며 본문에서는 '이너차일드'로 통일하였다.

2. 각주의 해설은 편집자가 본문의 의미전달을 위해 추가하였다.

3. 본문에 인용한 책은 첫 표기에만 저자명과 출판사명을 기재하였고 이후로는 생략하고 제목만 표기하였다.

프롤로그

# 프롤로그

## 그 가치관은 옳은가?

당신에게 부모나 학교 선생님, 친구들이 '공부 못하면 안 돼', '남에게 도움이 되어야 해.', '제멋대로 굴면 안 돼.', '굼뜨면 안 돼.' 등의 말을 했을지도 모릅니다. 하지만 그 말은 정말 옳은가요? 분명 지금 사회는 이러한 가치관(현세적 가치관)으로 만들어져 있으니 현세적 가치관으로 봤을 때는 가치가 있는 사람이 살아가는 데 유리하겠지요. 하지만 원래 가치관은 절대적인 것이 아닙니다. 스스로 자신을 믿지지 않는 한 그 누구도 당신을 해칠 수 없습니다. 자신을 저버리고 생명을 손상시킬 수 있는 것은 당신 자신밖에 없습니다. 이너차일드란 어떤 가치관을 믿고 그 가치관에 따라 자신은 안 된다고 믿어버린 당신 자신입니다. 그래서 이너차일드의 대부분은 울고 있습니다.

어떤 가치관을 믿으면 선악에 휘둘려 감정이 생기고 사는 게 힘들어집니다. 가치관이 없으면 선으로 여기는 것을 위해 노력할 필요도 서두를 필요도 없습니다. 또한 악으로 간주되는 것에 대한 두려움이나 괴로움도 없습니다. 행복을 고통의 부재로 본다면 가치관을 해방시킴으로써 진정한 행복을 얻을 수 있습니다. 어떤 가치관을 믿는 것도 자신이고, 그 가치관에 따라 스스로를 안 된다고 하는 것도 자신입니다. 따라서 가치관으로부터 벗어나 이너차일드를 치유할 수 있는 것도 자신인 것입니다.

이너차일드의 대부분은 울고 있다고 했는데 이너차일드를 찾는 열쇠는 과거의 슬픔에 있습니다. 그리고 이너차일드 치유의 핵심은 이너차일드의 슬픔에 공감하는 데 있습니다. 이너차일드에게 말을 걸어 스스로를 슬프게 하는 가치관을 없앨 필요가 있습니다. 또, '사실은 어떻게 해주길 바랐어? 아니면 어떻게 하고 싶었어?'라고 이너차일드에게 묻고 돌아온 대답을 상상 속에서 이루어 줍니다. 그리고 공부를 못하는 나, 남에게 도움이 안 되는 나, 제멋대로인 나,

굼뜬 나에게 '공부 못하는 건 못하는 거니까 어쩔 수 없지. 못해도 괜찮아.', '제멋대로 말하고 싶으면 말해도 괜찮아.' 라고 말을 걸어주고 받아주는 것입니다.

이너차일드의 욕구가 무엇이든 전적으로 받아들여 주세요. 예를 들어 '사람을 죽이고 싶다.'라는 생각이 들어도 '이런 무서운 생각을 하면 안 된다.'거나 '나는 그런 무서운 생각을 하는 사람이 아니다.'라는 식으로 바로 자신의 생각을 부정하지 말고 먼저 그 생각을 받아들이세요. 어떤 생각이든 그 마음은 진심이기 때문에 그것을 도덕으로 억압하면 아무것도 해결되지 않습니다. 마음에서 우러나오는 정직한 생각을 선악으로 판단하지 않고 받아들이는 것이 이너차일드를 치유하는 데 가장 중요합니다. 받아들인 다음 '왜 죽이고 싶다고 생각했을까?'를 묻는 것으로 그 감정의 깊숙한 곳에 있는 이너차일드의 생각이나 소망을 이해할 수 있게 될 것입니다.


## 외부의 가치관에서 벗어나다

저는 많은 사람들이 이너차일드 치유를 시작했다가 좌절하는 모습을 봐왔습니다. 그 원인도 결국 가치관에 사로잡혔기 때문이었습니다. 어떤 좋은 가르침이라도 그것이 내 안에서 '이래야 한다.', '이래서는 안 된다.'와 같은 가치관이 되어 버리는 순간 스스로를 제한하게 됩니다. 가치관은 어떤 것이든 억압하는 방식으로 작용합니다. 그래서 먼저 세속적인 가르침이나 영적인 가르침 등에 의해 '이래야 한다.' 등의 가치관을 가지고 있고 이로 인해 자기를 비하하거나 죄책감을 가지고 있지 않은지를 생각해 보세요.

예를 들어 아이를 때리는 행동으로 죄책감을 가지고 있는 어머니의 경우 '아이를 때려서는 안 된다.'라는 가치관을 가지고 있으므로 우선은 그 가치관에서 벗어나는 것부터 시작합니다. 먼저, 아이를 때리면 안 된다고 생각하게 된 계기를 떠올립니다. 아이를 때렸을 때 다른 사람들로부터 "너무해. 아이를 때리다니 학대야!"라는 말을 들었거나 텔레비전에서 "아이를 때리는 부모는 최악입니다. 그런 사람은 부모 자격이 없습니다!"라는 말을 들었을 때 등 구체적인 계기를 생각해 봅시다. '아이를 때린다 = 악'이라는 가치관을 받아들였던 때를 떠올린 다음 그 가치관에 의해 부정당해 슬퍼하고 있는 자신(이너차일드)을 발견합니다. 이 예시에서 이너차일드는 어른이 된 후 형성된 것이니까 헷갈리지 마세요. 가치관 위에 추가적인 가치관이 뚜껑을 덮고 있는 형태이기 때문에 우선 바깥쪽 가치관부터 벗겨낼 필요가 있는 것입니다. 이너차일드를 찾으면 그 슬픔에 공감하여 "그런 말을 들으니 힘들었지. 괴로웠지. 아이를 때리지 않으려고 애썼지."라고 말해줍니다. 그리고 "사실은 어떻게 해줬으면 했어? 아니면 어떻게 하고 싶었어?"라고 묻습니다. 그러면 "나도 아이를 때리면 안 된다는 것을 머리로는 알고 있어. 하지만 말을 듣지 않으면 화가 치밀어 올라 억누르지 못하고 손이 올라가 버려. 그 고통을 알아주길 바랐어."와 같은 대답을 들을 수 있을 것입니다. 그러면 그 대답을 받아들여 "그러네. 좀 더 상냥하게 말해줬으면 좋았을 텐데. 전부 부정하는 듯한 말 때문에 괴로웠지. 아이를 때리는 스스로에 대해 안 되겠다는 생각을 했구나. 근데 때려도 괜찮아. 왜냐하면 때리지 않을 수 없으니까, 어쩔 수 없잖아. 때릴 수밖에 없었으니까 때려도 괜찮아."라고 말해줍니다. 이처럼 '아이를 때려도 괜찮아.'라는 말로 '아이를 때리면 안 돼'라는 가치관으로 인해 부정당하고 슬퍼하는 이너차일드에게 말을 걸어주어 자신을 괴롭히던 가치관에서 벗어날 수 있습니다.

## 정신세계의 덫

여기서 우리가 주의해야 할 점은 "아이를 때려도 되는 거야."라고 자기를 받아들여 용서하는 것이 "아이를 때리는 자신을 자책해서는 안 된다."라는 새로운 가치관에 가려지지 않게 하는 것입니다. 정직한 자신의 생각이나 감정이 더 억압되어 해결도 더욱 어려워집니다. 가치관에 의해 부정된 이너차일드를 찾아내 그 이너차일드의 생각을 받아들여 감정에 공감한 다음 "아이를 때려도 괜찮은 거야."라고 말을 거는 것이 중요합니다. 만약 그 말을 현재의 자신에게 억지로 타이른다면 그건 이너차일드를 방치한 채 새로운 가치관을 씌운 것이고 정직한 생각이나 감정의 새로운 억압이 됩니다. "자기를 비하해도 괜찮아."라던지, "상대를 받아들이지 않아도 괜찮아."라는 말도 역시 이너차일드에게 말을 거는 것이 아니라 확언을 통해 자기암시하듯 억지로 자신을 타이르는 것으로, 그 말이 억압으로 작용해 정직한 자신의 마음에서 비껴갑니다.

정신세계를 다룬 책이나 종교 관련 책 안에 진실이 있을지도 모르지만 그 가르침이 읽는 사람 안에서 가치관이 되어 버린 순간 자신을 제한하는 것으로 변하고 맙니다. 이를 '정신세계의 덫'이라고 부르는데 어떤 사람들은 이런 이치를 알고 의도적으로 정신적인 가르침을 퍼뜨리고 있는 것 같습니다. 사실은 정신적인 가르침으로 인해 고통받는 사람들이 많습니다. 예를 들면 "모든 것을 사랑으로 대해야 한다."라는 말은 그럴 듯 하지만 그 경지에 도달하기 위해서는 먼저 자신을 사랑할 줄 알아야 합니다. 자신을 사랑한다는 감각을 가지고 체험을 해야만 비로소 다른 사람을 사랑으로 대할 수 있습니다. 단계를 밟아야 도달할 수 있는 경지를 갑자기 올바른 가르침과 이상으로서 자신에게 요구할 때 자기부정에 이르는 것은 당연합니다. 훌륭한 말을 하는 사람은 조심하는 것이 좋습니다. 스스로를 부정하는 사람들의 약한 마음을 이용해 가치관을 불어넣어 사고를 조작하고 지배하려는 사람들도 있기 때문입니다.

## 가치관 탐색으로 해방하다

중요한 것은 어떤 가치관으로 인해 부정당해 슬퍼하거나 충격받은 이너차일드를 찾아내는 것, 그리고 이너차일드의 생각이나 감정에 공감하며 진심으로 들어주고 "그 가치관은 옳지 않아."라고 알려주는 것이 중요합니다. "아이를 때리면 안 돼."라고 하는 외부의 가치관을 느슨하게 했다면 다음 가치관을 탐색하기 위해 "왜 아이를 때리고 싶어졌어?"라고 묻습니다. "아이가 제멋대로 굴면 용서할 수 없게 된다."라고 대답할 경우 "제멋대로 굴면 안 된다."라는 가치관을 가지고 있음을 알 수 있습니다. 그러면 마찬가지로 "제멋대로 굴면 안 된다."라는 가치관에 의해 부정당하고 슬퍼했던 경험이 있었던 게 아닌가 생각해 보는 것입니다.

가능한 한 근본이 되는 경험을 찾아봅시다. 어린 시절 자신의 욕구를 솔직히 말해서 부모에게 맞고 슬펐던 일이 떠오를 수도 있습니다. 그렇게 해서 발견한 이너차일드에게 "괴로웠지! 슬펐지! 아팠지!"라고 말해주고 "사실은 어떻게 해줬으면 했어? 어떻게 하고 싶었어?"라고 물어주세요. "때리지 않았으면 했어. 나는 단지 그 인형이 갖고 싶었을 뿐이야. 안되면 어쩔 수 없지만 내 말도 들어주길 바랐어."라는 대답을 들을 수 있었다고 합시다. 그러면 그것을 받아들여 "인형이 갖고 싶었구나. 그건 제멋대로 구는 게 아니야. 게다가 갖고 싶었으니까 갖고 싶다고 말해도 돼. 미안해. 제멋대로 구는 스스로를 비난해서."라고 이너차일드의 생각을 이해하고 받아들입니다.

그리고 "왜 인형이 가지고 싶었어?"라고 물어보면 "외로웠어. 항상 혼자라서 외로웠어. 사실은 엄마, 아빠와 같이 즐겁게 지내고 싶었어. 그런데 아빠, 엄마가 항상 바빠서 내 이야기를 들어줄 인형이 갖고 싶었어."라고 대답합니다. 그러면 그걸 받아들여 "외로웠구나. 미안해. 못 알아봐서. 부모님이 이야기를 들어줬으면 했구나. 재밌게 지내고 싶었구나. 어리광을 부리고 싶었구나. 미안해. 그런 마음도 모르고 일방적으로 제멋대로 굴면 안 된다고 부정해버려서."라고 이야기해 줍니다. 이처럼 "제멋대로 굴면 안 된다."라는 가치관을 느슨하게 하면 자신의 아이에게도 더 다정하게 대할 수 있게 됩니다. 왜냐하면 "제멋대로 굴면 안 된다."라는 가치관으로 스스로를 책망해 왔기 때문에 아이의 행동도 용서할 수 없어 부모가 했던 것처럼 아이를 때린 것입니다. 제멋대로인 이너차일드를 받아들여 용서할 수 있다면 자연스럽게 아이도 용서할 수 있습니다.

또한 아이가 제멋대로라고 판단했던 자신에게도 이유가 있었음을 이해할 수 있게 되면, 아이를 받아들이고 이해하려는 것의 중요성도 깨달을 수 있을 것입니다. 이너차일드를 치유함으로써 아이를 진심으로 사랑할 수 있게 되고, 아이의 마음에 다가가 이끌 수 있게 됩니다. 이러한 치유과정을 스스로 할 수 있으면 가장 좋지만 어려울 경우 그 역할을 이너차일드 테라피스트에게 맡겨주십시오.

## 여자아이들에게 괴롭힘당한 남자 초등학생 사례

저는 일본 동종요법 센터 본부에서 동종요법 건강 상담을 진행하고 있습니다. 상담 중 이런 사례가 있었습니다. 종종 여자아이들에게 괴롭힘을 당하던 초등학생 A군을 여자아이가 "징그러우니까 꺼져!"라며 능을 국국 씰렸습니다.

A군은 평소 쌓였던 분노로 인해 그 여자아이를 때렸습니다. 그 여자아이가 울음을 터뜨리자 다른 여자아이들이 모두 A군을 다그쳤습니다. 선생님도 A군에게 화를 내며 "남자가 여자를 때리다니 인간쓰레기다!"라고 말했습니다. 이런 경우에는 어느 쪽이 피해자이고 어느 쪽이 가해자인지 알 수 없습니다.

A군은 여자아이들에게 왕따를 당해 왔던 피해자인데도 때린 것에 대한 죄책감을 느끼고 있었습니다. 주위로부터 나쁜 사람이라는 꼬리표가 붙어 스스로도 그렇다고 생각하며 믿어 버렸습니다. 스스로를 책망하게 된 A군은 결국 등교를 거부했습니다. 제가 "A군은 나쁘지 않아. 늘 여자아이들로부터 괴롭힘을 당해 힘들었지?"라고 말하자 눈물을 뚝뚝 흘리며 "그래도 안 돼. 내가 때렸으니까."라고 자책했습니다. 이 아이는 조금 느긋한 면이 있어서인지 아버지로부터 "너는 이것도 못하니?"라는 말을 자주 들었습니다. 그 가치관을 믿은 나머지 스스로를 못났다고 생각했기에 여자아이들로부터 "멍청해!", "둔하다.", "징그럽다." 등의 말을 듣게 된 것은 아닐까 추측해 봅니다.

그래서 Anac.(아나카르디움, 캐슈넛)이라고 하는 레메디[1]

---

1) 동종요법에서 사용하는 약과 같은 것. 원물질을 포함하지 않을 정도로 고도로 희석, 진탕하였지만 원물질의 전자 신호는 물속에 남아 경이로

를 먹도록 하였습니다. 이것은 '화를 내고 싶은데 화를 내면 안 된다.'라는 내적인 갈등을 가지고 있는 사람에게 적합한 레메디입니다. 그리고 화가 나면 화를 내라고 충고했습니다. 이 후에 진심을 말할 수 있게 되었고 아버지와 싸우면서 점점 자신의 의견을 주장하게 되었습니다. 마침내 6개월간 쉬었던 학교로 돌아가 자신의 의견이나 권리를 주장할 수 있게 되었고, 이제는 누구도 이 아이를 괴롭히지 않게 되었습니다.


## 현세적인 가치관의 정체 = 사랑받기 위한 조건

가치관은 결국 선악의 관념이고 사람에게 삶의 목적을 주는 것입니다. 그러므로 사람은 살아가기 위해 남이 만든 가치관을 쉽게 받아들입니다. 하지만 세상에 절대적인 가치관이란 존재하지 않습니다. 왜냐하면 가치관이란 사물을 보는 각도일 뿐 절대적인 각도(기준)라는 것은 존재하지 않기 때문입니다. 자신을 기준으로 한 방향에서만 사물을 파악하는 것에 지나지 않습니다. 자신에게는 선으로 비치는 것도 반대편에 있는 사람에게는 악으로 비칠 수 있습니다.

운 생물학적 작용을 발휘하는 것으로 노벨 생리학상과 노벨 의학상 수상자인 뤽 몽타니에 박사에 의혜 증명되었다아마도 99.99%의 사람들이 가지고 있을 법한 '뛰어나야만 한다.'라는 가치관은 무수히 많은 견해 중 하나일 뿐입니다. '뛰어나야만 한다.'라는 가치관의 대척점에 장자가 말한 '뛰어나서는 안 된다.'라는 가치관이 있고 그 사이에 무한한, 예를 들면 '뛰어나면 좋을 수도 있다.'라거나 '뛰어나면 안 될 수도 있다.' 등의 가치관이 있으며, 결국 가치관이라는 것은 어떤 한 각도에서 본 견해일 뿐이며 반대쪽에서 보면 전혀 다른 해석이 되는 것입니다.(『이너차일드가 기다리고 있다!』)

그래서 도덕이나 상식 등에 의해 정당화된 가치관도 사실은 사회생활을 영위하는데 있어서 편의에 따라 만들어진 현세적 가치관일 뿐입니다. 혹은 누군가가 사람을 컨트롤하기 쉽게 의도적으로 만들어내고 뿌린 가치관일지도 모릅니다. 그런데도 많은 사람들은 현세적 가치관에 사로잡혀 스스로를 탓하며 자신의 온전한 모습으로 살아가지 못하고 괴로워하는 것입니다.

현세적 가치관이란 결국 사랑받기 위한 조건입니다. 가치관은 살아갈 목적을 준다고 했습니다. 그렇다면 현세적 가치관으로 인해 오합지졸로 인격이 형성된 인류는 사랑받기 위해 살고 있다고 할 수 있습니다. 사실 사람은 누구나 사랑받기 위해 현세적 가치관에 따라 가치 있는 사람이 되려고 분투합니다. 하지만 사실은 사랑받기 위한 조건 같은 것은 없습니다. 있다고 믿는 이유는 부모나 주위 어른들로부터 조건부 사랑을 받았기 때문입니다. 사랑받기 위해 가치 있는 인간이 되려고 하는 것은 자신이 조건 없이 사랑받는 존재임을 부정하는 것입니다.

결국 사랑받기 위한 가치(현세적 가치)를 찾는 것은 자신을 부정하는 것이며 현세적 가치관을 갖는 것 자체가 자기 부정이 되는 것입니다. 자아가 완성되는 것은 현세적 가치관을 완전히 자기 것으로 인식했을 때이며, 이는 그 현세적 가치관에 비추어 자신에게 가치가 없다는 확신을 가지고 자신을 부정했을 때입니다. 이때 생기는 감정이 슬픔입니다. 그리고 이때 이너차일드도 완성됩니다.

이너차일드의 완성은 자아·욕심·두려움·고통의 완성을 의미합니다. 자아란 가치관을 말하는 것이며 이너차일드를 말하는 것입니다. 현세적 가치관으로 자신을 부정할수록 현세적 가치관에 얽매입니다. 자아의 핵은 현세적 가치관으로 스스로를 부정해 버린 결과로 형성된 이너차일드입니다. 그러니까 이너차일드를 치유하지 않으면 가치관으로부터의 해방도, 본래의 자연스러운 생명으로의 회귀도 불가능한 것입니다.

## '감정일기'로 가치관을 명확히 하고 해방하다

스스로가 부자연스러운 가치관에 매여 있음을 보여주는 신호로 감정이 있습니다. 그러므로 이너차일드를 치유하기 위해서는 자기 자신의 감정을 응시하는 것이 매우 중요합니다. 감정을 객관적으로 살펴보고 자신이 얽매여 있는 가치관을 명확히 하기 위해 글쓰기 책인『감정일기 2013』(일본 호메오퍼시 출판)을 만들었습니다. 감정일기는 말 그대로 자신의 솔직한 감정에 대한 기록입니다. 이것이 얼마나 중요한지는 아무리 강조해도 지나치지 않습니다.

정신세계에서는 '생각이 현실을 바꾼다'라고 말하지만 이는 현실을 바꾸고 싶지 않은 사람들이 의도적으로 흘리고 있는 잘못된 정보입니다. 현실을 바꾸는 것은 생각이 아니라 행동이기 때문입니다. 행동하지 않으면 현실은 변하지 않습니다. 생각은 행동함에 있어 가장 큰 힘이 된다는 말도 맞지만 생각과 기도만으로는 현실이 변하지 않습니다. 중요한 것은 실천입니다. 『감정일기 2013』이 많은 사람에게 이너차일드 치유를 실천하는 계기가 되었으면 좋겠다고 생각하며 만들었습니다. 이를 실천한다면 이로부터 사람들은 바뀌어갈 것이고 이윽고 세상도 바뀔 것입니다.

다음은 『감정일기 2013』에서 발췌한 내용으로 제가 고

안한 감정으로부터 이너차일드를 치유하는 방법입니다.

## 〈감정일기에 기입하는 항목〉

① **사건**…… 감정을 불러일으킨 사건을 솔직하게 적는다

자신의 감정(마음의 흐트러짐)을 알게 되면, 감정을 발생시킨 상황을 〈사건〉란에 씁니다. 또한 그 사건에 대해 어떻게 생각했고 어떻게 행동했는지도 써 봅시다. 구체적으로 적어야 나중에 더 기억하기가 쉬울 것입니다. 예를 들어, 'A에게 부탁받아 책을 복사해줬는데, "비뚤어졌어, 엉망이네."라는 말을 들었다. "다시 하겠습니다."라고 하자 "너는 필요 없으니 안 해도 돼."라고 했다. A를 때리고 싶어졌지만 참고 "알겠습니다."라고 했다.'는 식으로 사건의 흐름을 구체적으로 적습니다.

② **감정의 종류**…… 감정의 종류를 확인한다

다음으로 감정의 종류를 특정합니다. 부정적인 감정에는 크게 두려움, 슬픔, 분노의 3종류가 있습니다. 감정의 종류가 두려움, 슬픔, 분노 중 어디에 해당하는지를 기록합니다. 두 가지 감정이 있는 경우는 둘 다 적어주세요. 분노에서도 「질투」 등 세세하게 분류할 수 있는 경우나 다른 감정이 있는 경우에는 그 감정의 종류도 적어봅니다.

③ **가치관**…… 감정의 바탕이 된 가치관을 찾는다

감정이 만들어진 가치관을 찾아봅니다. 가치관을 생각하는 데 있어서 사건의 어디에 사로잡혀 있었는지를 생각하면 알기 쉬울 것입니다. 예를 들어 'A가 B에게는 상냥한데 나에게는 엄격하다.'에 화가 났다면 '편애해서는 안 된다.' 등의 가치관이 있는 것이 되고, '엉망이라는 말을 들은 것'에 화가 났다면 '재주가 있어야 한다.' 등의 가치관이 있는 것입니다. '사람을 모욕하는 것 같은 말투'에 화가 났다면 '사람을 대할 때 배려를 가지고 대해야 한다.' 등의 가치관이 있는 것입니다. 이렇게 하나의 사건에서 자신이 어디에 사로잡혀 있는지를 살펴보고 어떤 가치관을 가지고 있는지를 적어보는 것입니다.


④ **과거의 일**…… 가치관이 생겨난 과거를 회상한다

다음으로, 그 가치관을 갖게 된 것은 언제인지 혹은 그 가치관으로 자신을 부정했을 때의 일(가능한 한 옛날의, 가능하면 근원이라고 생각되는 일)을 떠올려서 적습니다.(옛날이 생각나지 않으면 최근의 일이라도 좋고 비워 두어도 괜찮습니다) 또 그때 나는 어떻게 생각했고 어떻게 행동했는지도 쓰면 좋습니다. 예를 들어 '초등학교 1학년 때 엄마를 도왔는데 서툰 나머지 "오히려 귀찮게 방해되니 저리 가!"라는 말을 들어 서러워서 울었다.'와 같이 쓰는 것입니다. 가치관에 의해 자신을 쓸모없다고 부정했을

때 이너차일드가 형성되기 때문에 어릴 적의 슬픔을 찾아보면 좋을 것입니다.


⑤ **메시지……** 이너차일드에게 말을 건다

③에 제시된 가치관에 대해 의문을 가져보세요. 예를 들어 '재주가 있어야 한다.'라는 가치관을 가지고 있다는 것을 알았다면 '서툴러도 괜찮지 않을까?'라거나 '엉망이라고 말한 A가 올바른 것일까?'라고 생각해 보는 거죠. 그리고 ④에서 썼던 과거 사건 때 나는 어떻게 해주길 바랐을까? 아니면 내가 어떻게 하고 싶었을까?를 생각해 보세요. 그리고 그때의 아이인 자신(이너차일드)이 하고 싶었던 말을 적어 봅니다. '엄마에게 도움이 되고 싶었어. 그런데 잘 안돼서 슬펐어. 서투른 자신에 대해 쓸모없다고 생각해서 미안해. 서툴러도 괜찮아.'라고 씁니다. 그리고 그것을 실제로 자신의 이너차일드에게 말해 주세요. 만약 이너차일드가 원하는 것이 '사람을 찌르고 싶었다.'와 같이 문제가 있는 경우는 '왜 찌르고 싶었어?'라고 한층 더 깊이 이너차일드에게 물어봅니다. 결국에는 본능적인 욕심과 사랑받고 싶다는 것에 다다르게 될 테니 그런 식으로 깊게 자신을 바라보면 좋을 것입니다.
(『감정일기 2013』)

〈이너차일드 치유 케이스 소개〉

'이너차일드 테라피스트 양성 코스'의 과제 결과물을 이너차일드 치유의 좋은 참고 예로서 소개하겠습니다.

★ 과제

자신을 책망하게 된 ①과거의 일과 그것과 관련되어 있는 ②가치관에 대해서 생각해 보세요. 자신을 책망하며 슬퍼하고 있는 이너차일드를 발견하고 ③사실은 어떻게 해줬으면 했는지, 어떻게 하고 싶었는지 써주세요. 그리고 이너차일드 치유를 실천하고 나눠 주세요.

★ 결과물

① 과거의 사건

엄마가 기대한 것처럼 손님에게 인사하지 못하는 것. 축제에서 팔던 장난감이 갖고 싶어 엄마의 지갑에서 돈을 빼낸 것.(결국 돌려놨지만…) 도서관에서 빌린 책에 낙서를 해서 엄마를 슬프게 했던 일.

② 가치관

엄마를 기쁘게 해드리지 못하는 나는 형편없는 사람이다. 일로 바쁜 엄마를 귀찮게 하고, 엄마가 돌봐주지 않는 나는 가치가 없다. 아프면 엄마에게 폐를 끼치기는 하지만 응석을 부릴 수 있기 때문에 병에 걸렸던 것 같다.(알레르기성 비염이나 결막염) 엄마가 보살펴 주었으면 해서 이상한 곳에 오줌을 누거나 성냥에 불을 붙여 놓고 쳐다보는 등의 못된 짓을 했다. 집 안에서도 늘 긴장했다. 누구에게도 그날 있었던 일을 말하거나 어리광을 부릴 수 없었기 때문에 마음이 편안해지지 않았다.


### ③ 사실은 어떻게 해줬으면 했을까?

가끔은 어머니가 안아주거나 몸을 쓰다듬어 주며 그날 있었던 일이나 기분을 들어주길 원했다. 못된 짓을 해도 엄마는 알아차리지 못했다. 아마 들켜도 좋으니까 진심으로 혼나고 싶었던 것 같다. 방임주의라고 생각했지만 사실 엄마는 나에게 무관심한 것 뿐이었다. '날 봐! 날 알아 차려줘!'라는 이너차일드가 있다.


### ④ 이너차일드 치유

계단 층계참 등 화장실 이외의 장소에서 일부러 오줌을 누는 어린 나에게 가서 엄마가 되어 말을 걸어 주었습니다. '외로웠구나. 알았어. 같이 치우고 깨끗하게 닦자. 깨끗해졌으니까 이제 괜찮아. 그리고 같이 놀자. 챙겨주지 못해서 미안해. 항상 혼자서 긴장하고 외로웠지?'

성냥을 긋고 불을 바라보고 있는 이너차일드에게도 가서 똑같이 말을 걸었습니다. 인형놀이 같은 여자아이들이 가지고 노는 장난감으로 소꿉장난을 하고 싶었기 때문에(실제로는 사지 못했다) 인형놀이 세트를 준비해서 엄마, 언니와 함께 노는 모습을 상상했습니다. 방안에 즐거운 빛이 많아지는 느낌이 있었습니다. 자장가를 부르면서 엄마 옆에서 곁잠을 자고 있는 장면을 상상하니 실제 현재의 저도 안심되고 졸리기 시작했습니다. 도서관 책에 낙서를 했을 때도 '그래, 그렇게나 외로웠구나. 알아차려줬으면 했구나. 이제 괜찮아. 알았어. 같이 밥해 먹자.'라고 말하고 엄마와 함께 밥을 하는 상상을 했습니다.

당시 어머니는 거의 밥을 해주지 않았고 함께 먹을 일도 없었기 때문에 우선은 함께 부엌에 서서 음식을 만드는 것부터 상상하고 함께 식탁에 앉아 밥을 먹으면서 오늘 있었던 일을 이야기하는 모습을 상상했습니다. 그랬더니 안도감과 몸이 따뜻해지는 느낌, 빛이 강해지는 느낌이 들며 심신의 긴장이 풀렸습니다. '내 말과 마음도 귀 기울여줄 가치가 있는 것이구나.'라는 안정감입니다. 동시에 어머니 또한 어린 시절에 이런 시간을 가지지 못했다는 것을 잘 알게 되었습니다. 엄마도 자기 일은 모두 혼자 하며 자랐기 때문에 할머니가 맛있는 밥을 해주거나 이야기를 들어준 적이 거의 없었던 것 같습니다.

이번에는 언제나 자신이나 아이들에게 '빨리빨리 해!'라고 재촉

하는 것은 '시간이 없다. 시간을 낭비해서는 안 된다.'라고 하는 이너차일드가 있기 때문이라는 것을 깨달았습니다. 부모와 아이들이 함께 놀거나 밥을 정성껏 먹는 일을 소홀히 했고, 심지어 언니나 어머니는 서서 밥을 먹기도 하는 등 충분히 시간을 내지 않는 가정이었습니다. 나의 이너차일드는 아이와의 놀이나 식사 등의 시간을 무엇보다 소중히 해 주었으면 하는 것을 알았고 현재 자신의 아이와도 소중히 해야겠다고 생각하게 되었습니다. 그리고 어머니의 집에 가면 아이들과 놀아주지 않고 요리를 하지 않는 어머니에게 자주 화가 나 있었지만 이제는 제가 요리를 만들어서 어머니에게 대접하려고 합니다. 이런 기분을 느낄 수 있다니 정말 저에게는 후련한 일입니다.

이런 식으로 이너차일드 치유를 하는데 이 과정을 하기 위해서는 스스로에게 시간을 내야 합니다. 바빠서 시간을 낼 수 없는 사람은 이너차일드를 치유할 수 없습니다. 그런 경우는 먼저 '바빠서 시간을 낼 수 없다.'라고 하는 부분을 바라보면 좋을 것입니다. 왜 시간에 쫓기는 생활이 된 것인지 자신에게 물어보는 것입니다. 경우에 따라서는 이너차일드를 보고 싶지 않기 때문에 바쁘게 일하고 있거나 사실 시간은 있는데 바쁜 것을 핑계 대고 있을지도 모릅니다. 누구에게도 방해받지 않는 조용한 시간을 가질 수 있도록 합시다. 저는 자기 전 매일 저 자신에게 묻습니다. "오늘은 행복했니?"라고. 조금이라도 불행했다거나 괴로웠다는 생각이 들면 자신에게 물어보고 대화하는 모습을 상상합니다. 그리고 저의 이너차일드를 찾아 치유함으로써 그날에 있었던 불쾌한 일, 불편한 사람을 받아들일 수 있게 됩니다. 그러면 그날을 행복한 날로 여겨 스르르 잠들 수 있습니다.

## 가치관이야말로 병의 근원

저는 병원체란 현세적 가치관이 생물화된 것이라고 생각합니다. 그리고 병원체의 역할은 현세적 가치관의 확산에 있는 것이 아니라, 자신이 현세적 가치관에 감염되어 있음을 알려 자연치유력을 촉발하고 스스로의 힘으로 현세적 가치관을 몰아낼 수 있도록 하기 위한 것이라고 해석하고 있습니다. 즉, 자연이 행하는 동종요법으로서의 병원체가 존재한다는 것입니다.

병원체에 감염되는 원인은 자기 자신에게 있습니다. 그런 의미에서 아이가 걸리는 병은 부모나 조상으로부터 물려받은 가치관을 정화하는 중요한 역할을 하고 있다고 생각합니다. 예방접종은 부모와 조상들로부터 물려받은 가치관을 정화할 수 있는 기회를 빼앗아갈 뿐만 아니라 오히려 병원체나 이물질을 체내에 주입하여 만성화하고 있다(예방접종의 예방원리는 병원체를 체내에 넣어 만성화시킴으로써 항체를 장기 존속시키는 데 있습니다)는 점에서 가치관을 심는 것입니다.

　'자식들은 부모나 조상으로부터 대대로 물려받은 유전적, 감정적, 정신적 카르마를 갖고 태어나는데 빠른 단계에서 점액이 나와 그 카르마들을 배출합니다. 점액을 다 빼냄으로써 부모나 조상들의 유전적, 감정적, 정신적 굴레에서 벗어나 비로소 자기 본래의 삶을 살 수 있게 되는 것입니다. 아이가 걸리는 병은 열에 의해서 점액과 함께 조상의 업을 배출할 수 있는 좋은 기회가 되므로 감사한 것입니다.

　하지만 만약 이 시기에 열의 힘이 억압되거나 항생제나 예방접종으로 인해 자연스러운 면역시스템 활동이 흐트러지면, 버려야 할 점액이 아이의 몸 안에 몇 년이고 계속 쌓이게 됩니다. 이 경우 자녀는 조상이나 부모의 유전적, 감정적, 정신적 정보를 그대로 유지하면서 그 영향을 받습니다. 그리고 나중에 자기표현을 제한하게 되거나 성인이 되어서도 자기 지신의 삶을 살지 않고 부모의 패턴을 반복하곤 합니다.'『예방접종에 관한 진실』(유이 토라코 저「予防接種トンデモ論」일본 호메오퍼시 출판)

## 감정은 고마운 것! 증상이 고마운 것처럼

가치관 = 병원체라고 생각한다면, 감정 = 증상이라고 할 수 있지 않을까라는 생각을 했습니다. 즉, 증상이란 병원체 (엄밀하게는 병원체뿐만 아니라 이물질과 독소 등도 포함합니다. 이하 같습니다)가 체내에 침입하려고 한다는 것을 알리는 경고이며 병원체를 배출하려고 해서 생기는 것인데 이와 마찬가지로 감정이란 '자신을 부정하는 가치관'에 감염되어 있음을 알리는 경고이며 그 가치관을 배제하려다 생기는 것임을 깨달았습니다. 그렇게 생각했을 때 여러 가지가 명확해졌습니다.

예를 들어 증상을 억압함으로써 만성화 되어 체내로 병원체가 추가 침입하는 것을 허락해 버리듯, 감정을 억압함으로써 감정이 만성화 되어 '자신을 부정하는 가치관'이 마음속 깊이 자꾸 들어가 버리는 이치도 이해할 수 있었습니다. 그리고 병원체의 침입 수준에 따라 증상이 다른 것처럼 '자신을 부정하는 가치관'의 침입 수준에 따라 감정이 다르다는 것을 깨닫고 '감정의 변천'이라는 개념을 만들어 『이너차일드가 기다리고 있다!』에서 간단히 소개했었습니다. 이 책에서는 그 부분을 상세하게 설명하겠습니다.

우리 몸은 고열 및 발진으로 감염증을 극복할 수 있습니다. 그러니까 열이나 발진 등에 대해서 '증상은 고맙다!'라고 하는 말은 의심의 여지가 없는 진실입니다. 마찬가지로 슬픔 등에 대해 '감정은 고맙다!'라는 말도 진실입니다. 이것을 이해하게 되면 감정을 억압하는 것이 얼마나 나쁜 것인지, 혹은 무서운 것인지를 알게 될 겁니다. '감정은 나쁘다. 감정적인 것은 부끄럽다. 우는 것은 어른스럽지 못하다. 훌쩍대며 울면 안 된다. 슬퍼하면 안 된다. 화내서는 안 된다. 무서워해서는 안 된다. 원망해서는 안 된다. 죄책감을 가져서는 안 된다. 자기비하해서는 안 된다. 감정적인 것은 인간으로서 미숙하기 때문이다.' 등 감정을 억압하는 도덕적 가치관이나 영적인 가치관은 틀렸습니다. 감정을 부정하는 가치관은 증상을 억압하는 약과 완전히 같거나 그 이상으로 나쁜 것입니다.

## 감정은 이렇게 변천한다

'자신을 부정하는 가치관'이 마음에 침입하는 수준에 따라 감정이 어떻게 변천하는가를 '감정의 변천'으로 소개하겠습니다. 감정에는 제1단계부터 제10단계까지의 깊이가 있습니다. 현세적 가치관에 의한 부정을 경험했을 때 그 경험을 무성석으로 받아들임으로써 '자신을 부정하는 가치관'의 새로운 침입을 허락하게 되는데 이때마다 단계가 내려갑니다. 단계가 내려갈 때마다 '나를 부정하는 가치관'이 마음속 깊이 쌓입니다. 원래 병원체는 현세적 가치관이 생물화된 것으로 병원체와 공명하는 현세적 가치관이 자신이 가지고 있는 병원체에 감염되는 소인(suspatability)으로부터 감염되는 것입니다. 즉 병원체는 그것이 자신 안에 있다는 것을 가르쳐 주고 있을 뿐입니다. 비자기(非自己)를 자기라고 생각하기 때문에 면역(자연치유력)도 작용하지 않고 비자기를 내쫓을 수도 없는 것입니다. 비자기를 몸에서 내쫓으려면 먼저 비자기를 비자기로, 즉 이물질을 이물질로 인식하는 것이 필요합니다. 비자기를 인식하기 위해서는 몸에 비자기와 같은 것이 들어와야 합니다. 공명이 일어나야 비로소 자신 안에 있는 것을 알 수 있습니다. 그렇게 공명한 결과로 생기는 것이 감정이며, 이는 "자신이 아닌 것이 있어요."라는 것을 가르쳐 줍니다. 이처럼 감정을 "이물질(= 현세적 가치관)이 있어요."라는 긍정적인 메시지로 받아들이는 것이 중요합니다. 감정을 억지로 억누르는 것은 증상을 약으로 억압하는 것과 같이 어리석은 짓입니다. 감정을 긍정적으로 받아들이느냐 부정적으로 받아들이느냐에 따라 정반대의 결과가 나올 수 있습니다.

마찬가지로 감정이 일어나는 경험, 즉 부정당하는 경험을 긍정적으로 받아들일 수 있느냐 없느냐에 따라 정반대의 결과가 일어날 수 있습니다. 부정당하는 경험은 자신 안에 있는 '자신을 부정하는 가치관'을 비추는 것임에도 불구하고 자신을 괴롭히는 것으로 받아들임으로써 상대나 사건을 부정할 수 있습니다. 그리하여 사람이나 사건을 탓하며 점점 힘을 잃어 면역력도 떨어집니다.

감정은 자신 안에 '자신을 부정하는 가치관'이 있다는 것을 가르쳐 주는 메시지인 동시에 그 가치관을 배출하는 증상임을 이해하는 것, 자신을 부정하는 상대를 자신 안에 있는 '자신을 부정하는 가치관'을 비추어 주는 존재라고 이해하는 것이 중요합니다. 이를 제대로 이해한다면 자신을 부정하는 사람이 얼마나 고마운지, 감정이 얼마나 고마운지, 자신을 부정하는 사람을 탓하는 것이 얼마나 어리석은지, 감정을 억압하는 것이 얼마나 무서운 것인지를 알게 될 것입니다. 부정당했을 때나 감정이 생겼을 때 그 사건을 긍정적으로 받아들일지 혹은 부정적으로 받아들일지가 감정의 변천 과정에서 상승 또는 하강하는 갈림길이 됩니다. 이 이치를 마음속 깊은 곳에서 이해하기 위해서는 동종의 법칙, 동종요법 철학에 대한 이해가 필수적입니다.

■ 감정의 변천

제1단계 **무감정** (가치관의 비감염)

⇓ ←- 부정당한 경험

제2단계 **의심이라는 공포** (가치관의 감염: 자신의 가치에 대한 의심)

⇓ ←- 부정당한 경험

제3단계 **슬픔** (가치관의 수용: 가치관에 근거한 자기부정)

⇓ ←- 부정당한 경험

제4단계 **만성 공포** (가치관으로부터 도피: 다시 상처받지 않도록 회피)

⇓ ←- 부정당한 경험

제5단계 **분노, 죄책감** (가치관에 대해 저항: 부정당한 것에 대한 저항)

⇓ ←- 부정당한 경험

제6단계 **깊은 슬픔, 무력감** (가치관에 굴복: 부정당한 것을 수용)

⇓ ←- 부정당한 경험

제7단계 **원망** (마지못해 가치관을 받아들임: 부정당하지 않도록 노력)

⇓ ←- 부정당한 경험

제8단계 **깊은 죄책감, 깊은 자기부정감**

(가치관의 확정: 부정당하는 것은 당연하다)

⇓ ←- 부정당한 경험

제9단계 **절망의 공포** (가치관의 포위: 부정의 회피불가)

⇓ ←- 부정당한 경험

제10단계 **무감정** (가치관의 붕괴: 인격의 초기화)

이하, 각 단계에 대해 자세히 설명합니다.

## 제 1 장

## 제1단계    무감정

**【가치관】** 비감염

**【감정】** 무감정, 순진무구, 천진난만, 천의무봉, 순수함

# 제1단계   무감정

## 감정의 기원, 근원적인 가치관 '산다는 것은 선'

사람은 순진무구한 갓난아기로 세상에 태어납니다. 어떤 가치관도 갖고 있지 않습니다. 가치관을 가지고 있지 않기 때문에 감정이 생기지 않습니다. 감정이란 가치관을 가지고 사건에 사로잡힘으로써 생기는 것입니다. 사람은 무감정하게 태어납니다. 자세한 내용은 『이너차일드가 기다리고 있다!』를 참고해 주세요. 다만 '사는 것은 선이고 죽는 것은 악이다.'라고 하는 가치관은 본능이며 그 때문에 생에 대한 집착, 죽음에의 두려움은 태어날 때부터 가집니다. 이것은 모든 생물이 가지고 있는 가치관입니다. 만약 이러한 가치관을 갖고 있지 않았다면 생물은 오래전에 멸종되었을 것입니다.

모든 생물이 '사는 것은 선이고 죽는 것은 악이다.'라는 가치관을 가지고 있다는 것은 모든 생물은 감정을 가지고 있다는 것을 의미합니다. 즉 죽음을 두려워하고, 죽음을 슬퍼하고, 죽음을 주는 자에 대한 분노의 감정을 가집니다. 그러한 두려움, 슬픔, 분노의 감정은 우리 인간이 느끼는 것보다 훨씬 순수한 것입니다. 감정은 원래 생물의 생존을 위협하는 사태에 대해 '두려움 = 죽음을 회피하다', '슬픔 = 살 의지를 강하게 하다', '분노 = 죽음에 저항하기 위한 행동을 일으키는 원동력'으로써 존재합니다. 곤충은 감정이 없다고 하지만 제가 관찰해 본 바에 한해서는 곤충에게도 두려움, 슬픔, 분노의 감정이 존재합니다.

제가 초등학교 3학년 때 정원에서 개미 한 마리를 죽였습니다(엄밀히 말하자면 아직 숨이 붙어 있었습니다). 왜 죽였는지는 잘 기억나지 않습니다. 그 근처에는 커다란 사마귀가 있었습니다. 제가 죽인 개미와 또 한 마리의 개미가 접촉했습니다. 그 이후 이 벌레들의 대화를 여기서 재현하겠습니다. 저는 그때 이 벌레들의 목소리가 확실히 들렸다고 생각했습니다.

**개미:** (죽어가는 개미를 발견하고 놀라며) 어이! 도대체 무슨 일이야! 어째서 이런 끔찍한 일을 당한 거야! 괜찮아? 정신 차려!

**죽어가던 개미:** 윽, 으윽, 너구나, 난 이제 끝났어. 으윽.

**개미:** (가까이 있던 사마귀를 발견하고) 네놈이구나! 나의 둘도 없는 친구를 죽인 건! 이놈아! (하며 사마귀 왼발을 문다)

**사마귀:** 아파! 내가 한 게 아니야! (하며 물어뜯는 개미를 뿌리치려고 하지만 개미는 꼭 물고 떨어지려고 하지 않는다) 정말 내가 아니야! 오해했어. 이제 그만 좀 해줘 제발.(하며 개미를 떨어뜨리려고 하지만 개미는 물어뜯는 턱을 빼려고 하지 않는다.)

이 광경을 목격하고 저는 곤충에게도 감정이 있다는 것을 확신했습니다. 이 충격적인 광경은 아직도 생생합니다. 곤충보다 더 원시적인 생물도 감정을 가지고 있으며 그것은 행동에서 추측할 수 있습니다. 즉 두려움은 위험에서 도망치는 행동으로, 슬픔은 움직임을 멈추는 행동으로, 분노는 적대하는 자에 대해 방어하거나 공격하는 행동으로 관찰할 수 있습니다. 심지어 식물에게서도 감정을 관찰할 수 있습니다.

그리고 '사는 것은 선이고 죽는 것은 악이다'라는 가치관은 살아가는 기쁨, 살아있음의 행복, 삶의 만족, 살아있는 것에 대한 안도라는 감정도 동시에 생기게 합니다. 즉, 감정은 생물에게 살아남기 위한 행동을 발생시키는 것에 그 기원을 둡니다. 슬픔은 움직임을 멈추게 하고, 에너지를 보충하며, 삶의 의지를 강하게 하고, 그 후의 선을 향한 행동의 원동력이 됩니다.

## 천개의 머리를 가진 히드라 = 개선 마이아즘2)의 정체

갓난아기나 어린이는 혼자서는 살아갈 수 없습니다. 젖을 먹이고 돌봐줄 사람이 없으면 눈 깜짝할 사이에 죽고 맙니다. 그래서 '사랑받는 것은 선이고 사랑받지 못하는 것은 악이다.'라는 가치관을 본능으로 가지고 있고 그로 인해 사랑받는 것에 대한 집착, 사랑받지 못하는 것에 대한 두려움을 태어날 때부터 가지고 있습니다. 죽음에 대한 두려움이

---

2) "마이아즘이란 병을 만들어내는 토양이고, 모든 병은 여기서 싹이 틉니다. 마이아즘은 여러 중병 때문에 선조로부터 유전자가 변형이 되어 내려온 것이고, 특정한 병에 걸리기 쉬운 경향이나 정신적인 경향을 지배합니다."『동종요법 가이드북』(그물코 출판사) 동종요법 창시자인 하네만은 개선(疥癬 psora), 임질(淋病 Sycosis), 매독(梅毒 Syphilis) 마이아즘으로 3개로 나누어 정의했습니다. 이후 결핵(結核 Tuberculosis)과 암(癌 Cancer) 마이아즘이 추가되었습니다.
개선 마이아즘(疥癬 psora): 마이아즘 중 가장 뿌리 깊은 것이 개선 마이아즘입니다. 단순히 개선(옴, 진드기가 기생하여 일으키는 전염성 피부염)을 말하는 것이 아니라, 병을 만들어 내는 토양의 하나로 봅니다. 개선 마이아즘은 부족과 결여가 테마이고 면역력 부족으로 인해 감염증에 걸리기 쉬운 높은 민감도를 가지고 있습니다. 신체적으로 매우 심한 가려움을 동반하고 정신적으로는 불안과 공포가 가장 높습니다.

본능적으로 사랑받기를 바라게 만드는 것입니다. 그런 의미에서 갓난아기나 아이가 이런 가치관을 가지는 것은 올바른 일일지도 모릅니다. 하지만 적어도 혼자 살아갈 수 있는 어른에게 있어서는 옳은 일이 아닙니다.

포유류의 새끼는 '부모의 사랑을 받는 것은 선이며 부모에게 사랑받지 못하는 것은 악이다.'라는 가치관을 본능적으로 가지고 있지만 어른이 될 무렵부터는 그 가치관을 떼어 냅니다. 한편 많은 생물들은 후손을 남기기 위해 수컷은 암컷의 마음에 들어야 해서 '암컷의 사랑을 받는 것은 선이며 암컷의 사랑을 받지 못하는 것은 악이다.'라는 가치관을 본능으로 갖고 있습니다. 그것은 암컷도 마찬가지일 수 있습니다. 어쨌든 포유류는 '부모의 사랑을 받는 것은 선이며 부모의 사랑을 받지 못하는 것은 악이다.'라는 가치관을 본능적으로 가진다고 하더라도 어른이 될 무렵에는 그 가치관을 내려놓는데, 유독 인간 어른만은 한 사람도 예외 없이 이 가치관을 놓지 못합니다. 왜 그럴까요? 그것은 이너차일드가 존재하기 때문입니다.

이너차일드가 형성되는 원인은 '사는 것은 선이고 죽는 것은 악이다.'라는 가치관으로부터 파생된 '사랑받는 것은 선이고 사랑받지 못하는 것은 악이다.'라는 가치관이 여러 가치관을 만든 결과에 있습니다 즉 수많은 자아를 만든 것이 그 원인입니다. '사랑받는 것은 선이고 사랑받지 못하는 것은 악이다.'라는 가치관은 하네만의 말을 빌리면 '천의 머리를 가진 히드라', 즉 개선 마이아즘에 해당한다고 봅니다. 마이아즘의 원래 의미는 토양에서 발생하는 장기(瘴気:열병을 일으키는 산천의 독기)를 말하는데, 동종요법에서는 일반적으로 질병을 만들어내는 토양으로 인식합니다. 그것은 부자연스러운 가치관이 유전자 차원에서 각인되어 본능이 된 것으로 정의할 수 있을지도 모릅니다.

이는 인류의 경우, 포유류가 본능적으로 가지고 있는 '사랑받는 것은 선이고 사랑받지 못하는 것은 악'이라는 가치관을 넘어 새로운 가치관을 만들어내는 토양이 되었습니다. 그것은 언젠가 도덕이나 종교적 가르침이 탄생했고, 그로 인해 새로운 가치관이 생겨났고, 그 가치관으로 인해 사랑받기 위해서는 필요한 조건이 있다고 망상한 것에서 비롯됩니다. 그리고 그 조건(가치관)으로 아이를 사랑했기 때문에 아이는 그 가치관을 믿게 되고 사랑받을 필요가 없는 어른이 되어서도 내려놓지 못하는 것입니다. 그런 의미에서 '사는 것은 선이고 죽는 것은 악이다.'라는 가치관은 근원적인 마이아즘이라고 할 수 있겠습니다. 살아남기 위해 '사랑받는 것은 선이고 사랑받지 못하는 것은 악이다.'라는 사랑을 원하는 가치관이 생겨났고 인류에게 있어서는 사랑받기 위해 필요한 가치관(= 병)을 낳는 토양으로서의 만성 개선 마이아즘이 되었다고 볼 수 있습니다.

동물의 경우 어미가 강한 새끼를 사랑하거나, 암컷이 강한 수컷, 또는 볏이나 뿔이 큰 수컷을 사랑할 수 있습니다. 조건부 사랑입니다. 그 근원에 있는 것은 '강한 것이 선이고 약한 것은 악이다.'라는 가치관입니다. 그리고 그 가치관이 본능이 됩니다. 그러나 이는 동물에게만 해당하고 극히 한정됩니다. 게다가 그 가치관은 강한 자손을 남긴다는 종의 존속 차원에서 보면 합리적인 가치관입니다. 반면 인간의 경우 사랑을 받기 위한 다양한 조건들이 생겨났고 사회 안에서 살아남기 위해 필요한 도덕, 인간성, 품격 등의 다양한 가치관이 만들어졌습니다. 이들은 사회 구조가 바뀌면 자연스럽게 변하는 것으로 진실된 것이 아닙니다. 그러한 쓰레기 더미 같은 가치관이 수없이 만들어지고 그것에 믿음을 갖게 되었습니다. 이것이 현세적 가치관의 정체입니다. 그리고 그러한 현세적 가치관 하나하나가 본래의 생명을 해치는 질병의 정체인 것입니다. 이렇듯 '사랑받는 것은 선이고, 사랑받지 못하는 것은 악이다.'라는 본능적 가치관에서 만성 개선 마이아즘이 생겼고 이로 인해 2차로 사랑받기 위한 조건(현세적 가치관 = 병)이 산더미처럼 생긴 것입니다. 이것이 바로 친 개의 머리를 가진 히드라의 정체입니다.

## 병의 근원은 '사랑받기 위한 가치관'에 있다

하네만은 모든 병은 개선 마이아즘에서 생겨난다고 했습니다. 모든 병의 근원은 사랑받기 위한 가치관(현세적 가치관)에 있습니다. 어떤 가치관이라도 근본을 더듬어보면 사랑받기 위한 가치관에서 유래한 것입니다. 그리고 사랑받기 위한 가치관은 자기 본래의 생명을 형성하고 있는 가치관과 다르기에 사랑받기 위한 가치관을 믿는 것(사랑받기 위한 가치관을 자기화하는 것)은 자기 자신의 생명을 부정하고 상처입히는 일이 됩니다. 그리고 이것이 사랑받기 위한 가치관이 모든 병의 근원인 이유입니다.

그런 의미에서 항개선 마이아즘 레메디(개선 마이아즘을 진정시키는 것이 가능한 레메디)는 사랑받기 위한 가치관에서 해방되는 레메디라고도 할 수 있습니다. 항개선 마이아즘 레메디의 대표주자는 Sulph.(설퍼, 유황)인데, Sulph.가 사랑과 깊은 관계가 있는 레메디라는 것은 흥미로운 사실입니다. 신이 가진 가치관은 '사랑받는 것이 선이다.'가 아닌 '사랑하는 것이 선이다.'라고 저는 생각합니다. 사랑받는 것이 살아갈 기쁨이 아닌 사랑하는 것이 살아갈 기쁨이 되었을 때, 그리고 살아가는 것이 곧 사랑하는 것이 되었을 때(삶과 사랑이 대등하게 되었을 때) 사람은 개선 마이아즘을 극복할 수 있다고 생각합니다.

앞에서 말한 것처럼 원래 인간은 사랑받을 가치가 있는데 아기나 아이였을 때 부모나 세상의 다양한 가치관에 의해 부정당하면, 즉 조건부 사랑을 받게 되면 사랑받기 위해 그 가치관 안에서만 가치가 있는 존재가 되려고 합니다. 그것이 하나의 자아를 형성하여 어른이 되어도 그 가치관에 기초해 행동하는 것입니다. 즉, 현세적 가치관에 비추어 가치 있는 존재가 되기 위한 노력을 하며 살아가는 인생이 됩니다. 하지만 왜 노력하는지 본인은 알지 못합니다. 사랑받을 존재가 되기 위해 노력하는 것을 자각할 수 있는 사람은 별로 없겠죠. 더욱이 그 가치관을 가지게 된 근본적인 원인, 조건부 사랑을 받았던 경험은 완전히 잊혀지는 것이 대부분입니다.

덧붙여 이너차일드를 많이 가지고 있는 여성은 남편과 나이 차이가 매우 크기도 합니다. 이것은 아버지의 사랑을 원하고 있기 때문입니다. 아버지로부터 폭력을 당한 여성은 여성스러운 남성과 결혼하기도 합니다. 이렇게 모두들 무의식적으로 부모로부터 받지 못한 사랑을 대신하려고 합니다. 또한 지속적으로 자신은 사랑받을 가치가 없다고 생각하는 사람은 연애를 바라면서도 사랑받지 못하는 인생을 보냅니다. 많은 사람들이 스스로를 탓하며 사랑을 하지 않기 때문에 진실된 연애 없이 결혼하는 것입니다.

## 아기가 순진하다는 생각은 큰 착각

'사랑받는 것은 선이고 사랑받지 못하는 것은 악이다.'라는 가치관 외에도 사람은 태어날 때부터 이미 어떠한 가치관을 가지고 있습니다. 예를 들면 전생에서 이어받은 가치관, 조상으로부터 받은 가치관, 태아 때 엄마에게 받은 가치관 등입니다. 종종 아기는 순진하다거나 신에 가까운 존재라고 여기지만 그것은 분명히 잘못되었습니다.

아기는 태어날 때부터 영혼의 더러움을 짊어지고 우리들 어른과 마찬가지로 신과 거리가 먼 존재로 태어납니다. 육체를 가지고 태어난다는 것은 그렇습니다. 아기를 천사라고 하는 것은 카르마와 윤회, 환생이라는 사람의 삶을 지배하는 엄연한 영적인 법칙을 잘 모르기 때문이라고 생각합니다.

윤회, 환생을 반복하는 것은 영혼의 더러움인 '자신을 부정하는 가치관'으로부터 해방되기 위해서라고 말할 수 있습니다. 그리고 '자신을 부정하는 가치관'의 해방을 위해서 삶이 준비되어 있는 것입니다. 즉, 영혼의 더러움으로 인해 내가 가지고 있는 가치관과 같은 가치관을 가지는 부모를 선택하고 그 가치관을 현실의식 수준에서 자각할 수 있는 형태로 완전히 믿습니다. 그 후 그 가치관에 의해 악으로 여겨지는 사람을 만나거나 악으로 여겨지는 사람이 바로 자신이 되거나 하는 것이 운명, 혹은 카르마로 준비되는 것입니다. 그러므로 삶은 고통스러운 것입니다. 그러나 이는 그 자아에게 있어서만 괴로울 뿐, 그 가치관으로 타인이나 자신을 바라보지 않는다면 괴로움은 어디에도 없습니다. 그것을 깨닫기 위해 같은 종류의 사건이 인생에 몇 번이나 반복해서 일어나는 것입니다.

제 환자의 사례입니다. 명절에 부모님 댁에 형제 4명과 그 가족 총 15명 정도가 모였습니다. 연로하신 부모님을 도우려고 "내가 식사를 만들겠다."며 큰 냄비에 카레를 만들었습니다. 그런데 원래 천식을 앓고 있던 아버지가 카레의 자극 때문인지 기침이 멈추지 않아 결국 돌아가시고 말았습니다. 이분은 자신이 만든 카레 때문에 아버지가 돌아가셨다며 계속 자신을 비난하고 있었습니다. 그 후 시야가 일그러져 보이게 되어 제게 상담을 왔습니다. 저는 다발성 경화증의 시작이라고 생각했습니다. 자책감에 사로잡혀 있었기에 Phos-ac.(포스포릭 애시드, 인산)이라는 레메디를 지시했습니다. 그리고 "괜찮다고 생각해서 카레를 만들었으니 당신은 나쁜 게 아닙니다."라고 말했습니다. 그랬더니 요즘은 울지도 못하는 상태였다며 통곡을 하기 시작했습니다. 이것은 자신이 나쁜 것이 아님을 깨닫고 나쁜 사람이 된 자신을 용서하고 스스로를 몰아붙인 카르마를 정화하기 위해 필요한 사건이었던 것입니다.

　새로운 생명이 태어날 때 계승되는 가치관은 잠재의식에 잠겨 있어 표면적으로는 새로운 존재가 되어 이 세상에 나옵니다. 따라서 업신여김을 당해도 감정이 생기지 않습니다. '바보는 쓸모없다.'라는 가치관도, '뛰어나야 한다.'라는 가치관도 자신이 가지고 있지 않다면, 바보이거나 폄하 당하더라도 그 사건에 얽매이지 않게 됩니다.

　가치관을 갖고 있지 않으면 악도 존재하지 않고, 악이 존재하지 않으면 두려움이 생기지 않아 마음이 편안해질 수 있습니다. 순진함과 천진함이라는 것은 이 세상의 가치관에 얽매이지 않는 것을 말합니다. 사람은 모두 무감정하게 태어나지만 '열등하거나 모자라는 것은 악'이라는 가치관을 가지면 천진난만할 수 없고, 무감정할 수도 없습니다.


## 부모는 자신을 비추는 거울

　부모가 가치관을 강요해서 내가 더럽혀졌다고 원망하는 것은 잘못되었습니다. 앞에서 말한 바와 같이 영혼 차원에서 어떤 갓난아기도 태어날 때부터 새까맣게 더러워져 있어 철이 들 무렵에는 그 얼룩이 표면화될 뿐이니까요. 오히려 부모라는 존재는 내 영혼이 타고난 가치관에 대해서 알려주는 고마운 존재입니다. 부모의 모습은 자신의 모습입니다. 그래서 부모를 넘어서는 것이 자기 인생의 과제라고 할 수 있습니다. 따라서 이너차일드가 별로 없는 부모는 아이가 생기기 어렵기도 합니다. 육체를 가지고 태어난다는 것은 영혼의 더러움을 깨끗이 하기 위함입니다. 그러기 위해 자기 자신이 투영되는 존재, 즉 자신과 같은 가치관을 가진 부모를 선택해 태어나는 사람이 더 많다는 것입니다.

부모의 모습을 보면서 '이런 가치관은 필요 없다.'는 것을 배우기 위해 똑같은 가치관을 가진 부모 밑에서 태어나는 것입니다. '어째서 이런 부모 밑에서 태어났을까?'라며 부모나 신을 원망하고 싶어지는 마음은 이해하지만 사실은 부모를 탓할 수는 없습니다. 이런 것들은 아무리 머리로 이해하려고 해도 소용이 없습니다. 실제로 이너차일드를 치유할 때 비로소 이러한 진리가 진실로 다가오는 것입니다. 그러니 이너차일드 치유를 실천해 주세요. 스스로 할 수 없는 사람은 이너차일드 테라피스트를 통해 실천해 주세요.

## 할머니의 가치관을 삶의 마지막에 넘어선 사례

할머니의 가치관에 영향을 받아 어머니의 가치관을 부정

하게 된 분의 경우입니다. 부모가 가치관이 다른 경우 한쪽 부모의 가치관에 영향을 받아 다른 쪽 부모의 가치관을 부정하는 경우가 자주 있습니다. 따라서 부모는 어떤 때는 자기가 가지고 있는 가치관을 비추는 거울이고, 어떤 때는 자기가 부정해 버린 것을 비추는 거울인 것입니다. 그런 의미에서 어머니도 아버지도 초월해 가는 것이 인생의 목적이라고 말할 수 있습니다.

유방암 말기의 A씨는 수수하고 눈에 띄지 않는 것이 좋다는 가치관을 가지고 있었습니다. 그리고 자신의 의견은 가급적 말하지 않는 것이 좋다는 가치관도 가지고 있었습니다. 그것은 중학교의 수업 참관일에 화려한 핑크색 무늬의 코트와 가발을 쓴 어머니가 오토바이를 타고 나타나 선생님에게 여러 가지 의견을 말한 경험에 기인하고 있었습니다. 그런 어머니를 부끄럽게 여겨 자기는 눈에 띄는 일을 해서는 안 된다는 생각에 검은 옷만 입어 왔다고 합니다.

밖으로 나가고 싶은 어머니는 육아를 시어머니에게만 맡겼습니다. A씨는 할머니가 어머니를 부끄러운 사람이라고 말하는 것을 듣고 자랐습니다. A씨 자신도 어머니보다 할머니를 좋아했기 때문에 할머니의 말이 옳다는 가치관을 갖게 된 것입니다. 의사로부터 여명 선고를 받았을 정도의 말기 상태였기 때문에 동종요법으로도 좀처럼 치유의 방향으로 가지 않았습니다. 하지만 죽음을 앞두고 어머니처럼 밝고 화려하게 살아보고 싶었다고 나직이 말했습니다. 수수해서 눈에 띄지 않고 자기 의견도 말하지 않고 평생을 살아왔는데 암에 걸려 인생의 마지막 장을 앞에 두고 깨달았던 것입니다. 사람은 그 사람답게 살면 된다는 것과 자기가 하고 싶은 것은 하면 된다는 것, 화려하게 살아도 괜찮았다는 것을 알아차렸습니다. 어머니는 A씨가 부정해버린 것을 보여 주고 계셨던 것입니다.

## 제2장

## 제2단계　의심이라는 공포

**【가치관】** 감염(자신의 가치에 대한 의심)

**【감정】** 의심, 공포

**【증상】** 설사, 구토, 기침, 가래, 콧물, 초기 염증(상처, 기관지
염, 방광염)

# 제2단계    의심이라는 공포

## '가정교육'이라는 이름의 가치관 강요

부모는 순진무구한 아이에게 가정교육이라는 이름으로 자신의 가치관을 강요하려고 합니다. 대다수의 경우 아이가 부모의 가치관에 비추어 봤을 때 나쁜 짓을 하면 아이를 부정하는 형태로 가정교육이 이루어집니다. 부정하는 방법은 다음과 같습니다.

● 비판한다, 주의를 준다 (분노로 인해)

비판하고 주의를 줄 때에는 분노가 있습니다. 많은 부모들은 분노에 사로잡혀 아이를 통제하려고 합니다. 예를 들어 동자이 ㄴ

릴 때 "빨리 해!", 예의를 갖추지 않았을 때 "예의 바르게 행동해!", 제멋대로 굴 때 "앙탈 부리지 마!" 등과 같이 말하며 부모 자신의 가치관에 따라 자녀를 부정하는 방식으로 훈육합니다.


● 위협한다 (두려움을 이용한다)

죽음에 대한 두려움, 통증에 대한 두려움, 사랑받지 못하는 것에 대한 두려움을 이용해 아이를 통제하려고 합니다. 예를 들어 "빨리하지 않으면 저녁밥 안 준다!", "예의 바르게 굴지 않으면 지옥에서 온 도깨비에게 잡아 먹힌다!", "부모님 말을 안 들으면 맞는다!" 등으로 위협하며 길들입니다.


● 폭력을 휘두른다 (아픔을 이용한다)

협박이 아니라 실제로 폭력을 행사하여 아이를 통제하려고 합니다. 아이는 폭력을 당하면 의심이라는 공포에 이어 슬픔, 그리고 두려움, 마지막으로 분노를 느끼게 됩니다.


● 무시한다 (사랑받지 못하는 것에 대한 두려움을 이용한다)

무시함으로써 아이를 통제하려고 합니다. 무시당하는 아이는 먼저 의심이라는 공포, 다음으로 슬픔, 그리고 두려움 마지막에는 분노를 느끼게 됩니다.

● 슬퍼한다, 운다 (슬픔을 이용)

"빨리하지 않으면 엄마는 슬퍼.", "버릇이 나빠서 다들 슬퍼한단다.", "네가 제멋대로 굴어서 아빠가 울잖아." 등을 말하여 슬픔을 이용해 아이를 통제하려고 합니다. 아이는 "나는 부모를 슬프게 하는 나쁜 아이인 걸까?"라고 자신을 의심하며 두려워하다가 슬퍼합니다.

● 교육한다

교사는 교육이나 도덕이라는 이름으로 아이에게 강제로 가치관을 주입하려고 합니다. 그 교사가 자신의 부모나 교사에 의해 도덕적으로 욕구를 억압받아 왔다면 아주 강하게 아이들을 도덕이라는 이름으로 묶어 두려고 할 것입니다. 이러한 도덕에 의한 억압은 연쇄적으로 진행됩니다. 핑크 플로이드의 앨범 'The wall'에 수록되어 있는 'Another Brick in the Wall Part 2'에서는 아이들이 "We don't need no education, we don't need no thought control!'(우리에게 교육 따윈 필요 없어, 우리는 생각의 통제가 필요 없어!)"라고 노래합니다. 이것은 도덕과 현세적 가치관에 갇힌 아이들의 절규입니다.

## 의심은 감염의 초기증상

앞에서 말한 것과 같은 과정을 통해 아이는 '빨리 해야 한다.', '버릇없이 굴면 안 된다.', '제멋대로 굴면 안 된다.' 라는 가치관을 가지게 됩니다. 그것은 부모의 가치관에 감염되는 것입니다. 아이들은 순진무구하기 때문에 부모의 말을 순순히 믿는 경우도 있을 것입니다. 하지만 그뿐 아니라 사람은 개선 마이아즘과 사랑받지 못하는 것에 대한 감수성(susceptibility)을 가졌기 때문에 부모로부터 조건부 사랑을 받음으로써 부모의 가치관을 믿게 되고 이에 감염됩니다.

먼저 어떤 가치관으로 인해 자신이 가치 없다고 여겨져 사랑받지 못하는 경험(부정당함)을 합니다. 이 경험 자체는 마음에 충격을 줍니다. 이 충격은 몸으로 말하자면 적의 공격을 받아 상처를 입은 상태입니다. 상처는 증상이라고 할 수 없듯이 충격도 감정이라고 할 수 없습니다. 상처를 입은 결과 자기치유력이 작용하여 세균이 체내에 침입하지 못하도록 염증이라는 증상이 생기는 것처럼, 부정되고 충격을 받은 결과 자기치유력이 작용하여 현세적 가치관이 마음속에 침입하지 못하도록 의심이 생깁니다. '나는 사랑받을 가치가 없는 형편없는 사람이 아닐까?'라는 의심이죠. 의심이라는 것은 감정의 종류로 말하면 공포입니다. 감정의 첫 단계는 공포입니다. 공포라고 하지만 의심이라는 공포입니다.

이 단계에서는 부정당해야 비로소 공포를 느낍니다. 그런 의미에서 이 단계의 공포는 현재에 있는 급성의 두려움이라고 할 수 있습니다. 부정될 것을 두려워하는 미래에 대한 만성적인 공포와는 다릅니다. 부정당할까 봐 두려워하는 '만성적인 공포'는 제3장에서 설명하겠지만, 다음 단계인 제3단계 슬픔으로 오는 공포의 감정입니다. 그리고 9단계의 절망의 공포가 있습니다. 공포에도 차이가 있기 때문에 주의가 필요합니다.

가족뿐만 아니라 밖에 나가 사람들과 접할 기회가 많아지면 동급생이나 친구들, 어른들로부터 '느림보', '파렴치', '자기중심', '바보' 등이라며 부정당하는 사건과 만납니다. 그러면 아이는 '내가 그런 사람일까?'라는 의심을 하게 됩니다. 사람들은 부정을 당하면 쉽게 그 가치관을 믿는 경향이 있습니다. 그것은 받아들여지지 않는 것, 사랑받지 못하는 것에 대한 감수성을 가지고 사랑받기를 원하고 있기 때문입니다. 이미 부모로부터 조건부 사랑을 받았기 때문에 가치가 없으면 사랑받을 수 없다는 고질적인 두려움을 가지고 있는 경우도 마찬가지입니다. 두려움이 강하면 강할수록 부정된 경험이 많을수록 부정당하는(받아들여지지 않는 - 사랑받지 못하는) 것에 민감해지고 그 가치관을 쉽게 믿게 되는 것입니다. 그러다 보면 '느려빠진 나는 쓸모없는 것이 아닐까?, 얼굴이 못생긴 나는 쓸모없는 것이 아닐까?'라는 식으로 '나'라는 인간의 가치에 대해 의심을 품게 됩니다. 하지만 이 의심이라는 공포는 뒤에 언급한 것처럼 '자신을 부정하는 가치관'이 마음에 침입하는 것을 막아줍니다.

## 의심이라는 공포는
## 가치관 감염의 제1의 메시지

내 가치에 대한 의심, 그 단계가 의심이라는 공포입니다. 이 단계에서 이너차일드는 아직 형성되지 않았습니다. 자기 자신을 부정하고 스스로를 쓸모없다고 확신하는 데까지는 이르지 않았습니다. 그러나 어떠한 가치관을 가지고 있는 한 머지않아 그 가치관에 의해 자신이 부정되는 사건과 마주하게 됩니다. 자신이 가치가 없다는 것을 확신하고 나면 이너차일드의 형성은 피할 수 없습니다. 그러나 부정당하는 사건에 휘말리지 않고는 믿어 버린 가치관(이물질 = 비자기)을 몰아낼 수도 없습니다. 왜냐하면 이물질을 내쫓기 위해서는 그 이물질을 넣어줘야 하는, 즉 그 가치관에서 부정당하는 경험이 필수이기 때문입니다. 이물질만이 이물질을 밀어낼 수 있습니다. 이는 보편적인 진실이고 동종요법의 근본이념입니다. 감정은 내 안에 이물질(非自己) 역할을 하는 가치관이 존재함을 스스로 깨닫게 해줍니다.

이와 같이 의심이라는 공포와 같은 여러 감정을 비자기로 알아차려서 배출하려는 자기인식(깨달음)을 동력으로 사용하는 것이 영적 성장의 열쇠가 됩니다. 감정이 생겼을 때 현세적 가치관 = 비자기 = 이물질 = 병원체가 있다는 인식을 가지고 그 가치관을 해방시키려고 의식하는 것이 중요합니다.

의심이라는 공포는 '현세적 가치관(이물질)이 있어요!'라는 2단계의 메시지이고 현세적 가치관 = 비자기 = 이물질 = 병원체를 배출하기 위한 증상으로 파악하는 것이 중요합니다. 이렇게 병원체가 감염된 것을 알리고 배출하기 때문에 증상이 생기듯, 감정은 가치관이 감염된 것을 알리고 배출하기 때문에 생기는 것입니다. 이것을 통찰했을 때 저는 고열이나 발진 등 '증상은 고마운 것!'이라고 깨달았을 때와 같은 감동을 느꼈습니다. 정말 순식간에 모든 것이 연결되어 있다는 것을 이해하게 되었습니다.

증상 = 감정,  병원체 = 가치관
증상 억압의 여러 층 = 감정 억압의 여러 층
몸 = 마음 ……

의심이라는 공포의 감정이 생기는 이상 이미 가치관에 감염된 것이지만 완전히 감염되지는 않은 상태입니다. 의심 증세는 설사, 구토, 기침, 가래, 콧물, 초기 염증(상처, 기관지염, 방광염)입니다. 상처를 입으면 염증이 생겨 백혈구를 불러들이고 세균이 체내에 침입하지 않도록 합니다. 썩은 것이나 독극물을 먹었을 때는 설사나 구토로 방어합니다. 즉 설사, 구토, 기침 등의 증상은 병원체나 이물질이 몸속으로 침입하지 못하도록 배출하고 있는 상태이듯 의심이라는 공포는 감염된 가치관이 마음속으로 들어오지 못하도록 배출하고 있는 상태라고 할 수 있습니다.

　설사, 구토, 기침 등의 증상을 억압하면 병원체를 배출할 수 없어 체내 침입을 허용하게 됩니다. 마찬가지로 의심스러운 감정을 억누르는 것은 '자신을 부정하는 가치관'이 마음속에 침입하도록 허락하는 것입니다. 이렇게 되면 감정 변천의 다음 단계인 슬픔으로 쉽게 넘어갑니다. 의심이라는 공포를 억압하더라도 그것은 잠재의식에 묻혀 있을 뿐이지 사라지지 않습니다. 오히려 우리의 행동을 마음속 깊이 제한하는 원인이 됩니다. 염증이 나쁘다고 하여 염증약이나 지사제, 멀미약, 기침약 등의 약을 먹으면 이물질이나 병원체의 침입을 허락할 뿐인 것처럼, 두려움이 나쁘다고 하여 억압하거나 항정신성 약물을 먹으면 문제는 해결되지 않고 가치관의 침입만 허락할 뿐입니다.


## 의심이라는 공포의 정체

　의심이라는 공포가 생겼을 때는 그 감정을 부정, 억압하거나 마음을 달래거나 할 것이 아니라 충분히 느끼고 무엇을 두려워하는지 깨달아 용기 있게 그것의 정체와 마주하는 것이 중요합니다. 의심이라는 공포는 '부자연스러운 가치관에 감염되어 있어요.'라는 알림이자 배출 증상이므로 목에 이물질이 들어오면 기침을 하는 것처럼 가치관을 토해낼 때까지 공포를 느끼면 됩니다.

　의심이라는 공포의 정체와 마주하려 할 때 비로소 자신이 어떤 가치관에 의해 가치 없어짐을 두려워하는지 알 수 있습니다. 그리고 가치가 없어지는 것이 무서운 이유는 사랑받지 못하는 것이 두렵기 때문이라는 것을 알 수 있습니다. 그래서 그 가치관을 잘 살펴보는 것입니다. 가만히 보면 그것은 단지 종이호랑이(비본질적이고 허술한 것)임을 알 수 있습니다. 예를 들면 바보라는 말을 들어 무서워졌다고 합시다. 거기에는 '바보는 악'이라는 가치관이 있다는 것이고, 그 속에는 바보라서 사랑받을 수 없다는 두려움이 있음을 알 수 있습니다. 냉정하게 생각해 보면 자신을 바보라고 말한 사람에게 사랑받지 않아도 별문제 없고, 애초에 '바보는 악이라고 하는 가치관은 정말일까? 대체 무슨 근거로 바보라고 하는 것일까?'라고 생각해 본다면 '가치관'과 '정의'라는 것의 허술함을 깨달을 수 있을 것입니다.

'증상은 고마운 것!'으로 증상의 역할을 제대로 이해하는 사람은 이물질을 계속 배출할 수 있듯이 '공포는 고마운 것!'으로 감정의 역할을 제대로 이해하는 사람은 가치관을 해방시킬 수 있습니다.

덧붙여서 레메디를 먹으면 종종 억압된 급성 두려움의 감정이 설사, 구토, 기침, 가래, 콧물, 염증으로 배출되는 경우가 있습니다. 옛날에 맞은 적이 있는 사람이 당시에는 멍도 들지 않고 아무렇지도 않았는데 타박상 레메디인 Arn.(아르니카, 국화과)를 먹고 20년도 더 전에 맞은 부분에 푸른 멍이 생기는 경우도 흔히 있습니다. 맞았을 때의 충격이나 두려움이 너무 강해서 몸과 마음 모두를 다 받아들이지 못하면 그렇게 되기도 합니다.


## 자신의 가치를 의심하는 것에서
## 가치관 자체를 의심하는 것으로 옮겨지다

남에게 부정당하고 충격을 받음으로써 의심이라는 공포

가 생기고, 그 의심이라는 공포로 인해 '자신을 부정하는 가치관'이 침입하는 것으로부터 자신을 보호함과 동시에 '자신을 부정하는 가치관'이 배출되는 것을 도와 마음의 평안을 되찾을 수 있습니다. 그러나 면역이 떨어져 있거나, 반복해서 타인에게 부정당하면 '자신을 부정하는 가치관'을 배출할 수 없게 됩니다. 이내 자신의 가치 없음을 받아들이며 슬픔의 감정으로 이행됩니다. 나에게는 가치가 없다고 스스로 딱지를 붙이는 것이죠. 덧붙여 면역이란 자기와 비자기를 인식하고 비자기를 내쫓는 기능을 말합니다. 면역이 떨어진다는 것은 비자기인 현세적 가치관을 비자기로 인식하는 기능이 떨어진다는 것입니다. 면역이 작용하는 강도를 면역력이라고 합니다.

의심이라는 공포 단계에서는 가치관을 믿고 있지만 스스로가 그 가치관에 가치가 없다는 것은 아직 확신하지 못합니다. 가치관을 믿는다는 것은 자아는 형성되어 있다는 것인데 자아가 실질적인 존재가 되기 위해서는 그 가치관에서의 자기부정을 경험할 필요가 있습니다. 가치관에서의 자기부정을 경험하는 것이 다음의 슬픔 단계입니다. 이 슬픔 단계에서 확고한 이너차일드가 형성됩니다.

그래서 가치관에 근거해 자기부정의 슬픔을 경험하기 전 단계, 의심이라는 공포 단계 때에 그 가치관이 진실이 아님을 간파하는 것이 중요합니다. 가치관 자체에 의문을 갖는 것입니다. 어떤 가치관에 비추어 '나는 가치가 없는 것은 아닐까?'라는 의심을 '그 가치관은 올바른 것일까?'라는 가치관 자체에 대한 의심으로 전환하는 것이 가치관을 배출하기 위한 비법입니다.

공포의 원인이 되는 것을 의심함으로써 가치관의 상대화가 일어날 수 있는 것입니다. 그러기 위해서는 의심이라는 공포가 생겼을 때 그 감정을 정면으로 받아들여야 합니다. 의심이라는 공포를 고맙게 여기고 그 감정 속에 애써 머무르는 것으로 가치관의 상대화가 일어날 수 있습니다. 이것도 동종요법입니다. 인지행동치료는 이 단계에서 위력을 발휘할 것입니다.


## 아이가 걸리는 병에는 의미와 역할이 있다

원래 면역력이 강하면 현세적 가치관에 감염될 수 없습니다. 그러나 면역이라는 것은 한번 감염되어 그것을 극복하면 얻을 수 있습니다. 그런 의미에서 처음에는 어떻게 해서든 감염될 필요가 있습니다. 마찬가지로 가치관을 극복하는 것이 면역 강화로 이어지기 때문에 어느 정도의 감염은 유용합니다. 소아병은 그렇게 자기와 비자기를 인식하고 비자기를 배출하는 학습 교재이며 학습을 통해 이후 다양한 감염증에 대응할 수 있게 됩니다. 마찬가지로 현세적 가치관에 감염되어 의심이라는 공포를 극복함으로써 면역을 얻게 되면 TV, 라디오, 신문, 잡지, 인터넷에 넘치는 가치관을 쉽게 믿는 일은 없을 것입니다. 즉, 가치관의 감염을 미연에 방지할 수 있습니다. 소아병은 앞서 말했듯이 전생에 대한 가치관, 선조들의 가치관, 태아기에 산모에게 물려받은 가치관을 정화하는 역할도 한다고 볼 수 있습니다. 병원체란 현세적 가치관이 생물화된 것이라고 생각하기 때문입니다. 다시 『예방접종에 관한 진실』을 인용하겠습니다.

"몸이 혈중에서 이물질을 내보낼 때에는 고열이나 전신 피부 발진의 형태로 배출하려고 합니다. 그래서 고열도 피부 발진도 몸을 정화해주는 정말 고마운 것입니다. 고집스러운 자기 해방은 깨달음(자기 인식) 없이는 일어나지 않습니다. 그리고 깨닫기 위해서는 반드시 자기 자신을 비추는 '거울'이 필요합니다. 동종요법에서 사용하는 레메디는 그 거울 역할을 합니다. 백신, 수은, 알루미늄, 항생제 등의 레메디는 혈액이나 세포 속에서 자신이 되어 버린 이 이물질을 이물질로 알아차리는 동시에 이물질과 공명하는 고집스러운 패턴을 만들어 자기를 인식함으로써 진정으로 비자기를 해방시키도록 돕습니다. 이렇게 동종요법의 원리는 본래의 자신으로 돌아가기 위한 보편적인 원리입니다. 중요한 것이라 반복해서 말하자면, '소아병은 위험하다.'는 등의 이유로 예방접종을 하고 직접적으로 혈액 속에 다양한 이물질을 주입하는 것은 집착을 심는 동시에 면역력을 현저하게 저하시켜 더 큰 고집과 많은 질병을 만들고 있음을 알아주셨으면 합니다.

아이가 걸리는 병에는 의미와 역할이 있습니다. 이런 병에 걸림으로써 아이들은 태어날 때부터 가진 유전적인 마이아즘의 부하를 줄여 하나의 장막에서 벗어날 수 있고, 이는 신체적 정신적 성장으로 삶의 힘이 강해져 앞으로의 인생을 편안하게 살아갈 수 있도록 합니다.

또한 엄마의 혈액이나 모유에서 물려받은 혈액독이나 체독을 정화하고 배출하기 위해 적절한 시기에 아이가 병에 걸리게 되어 있습니다. 그리고 아이가 걸리는 병을 통해서 아이들은 감염증을 극복하는 방법이나 면역을 잘 작동시키는 것을 배웁니다. 말하자면 아이가 걸리는 병은 단계를 밟아 면역력을 발휘할 수 있도록 하는 학습 교재가 되는 것입니다. 그렇기에 소아병에 걸리지 않는다는 것은 다양한 감염증의 극복 방법을 배울 기회가 박탈됨과 동시에 엄마의 태반이나 모유를 통해 물려받은 체독을 배출하고 정화할 기회가 사라짐을 의미하고, 나아가 마음의 집착과 유전적 부하를 낮출 기회를 잃어버리는 것을 의미합니다.

덧붙여, 동종요법을 통한 예방은 홍역 바이러스나 수포 바이러스를 희석, 진탕하여 만들어진 레메디를 사용하는데 레메디에는 바이러스 등의 원물질이 전혀 들어있지 않고 에너지로 존재하면서 학습을 돕기에 전혀 문제가 없습니다. 필요할 때 소아병에 걸림으로써 배출(호전반응)하도록 돕기 때문에 본래의 학습과 정화 과정을 빼앗는 것은 아닙니다."

제**3**장

## 제3단계　슬픔

**【가치관】** 수용(가치관에 기초한 자기부정)

**【감정】** 슬픔

**【증상】** 고열, 발진

# 제3단계    슬픔

## 슬픔 = 이너차일드의 출현

부모, 교사, 동급생 그리고 이웃집 아이들이나 이상한 이웃 아저씨로부터 부정을 당함으로 인해 어떠한 가치관에 감염되어 자신에 대한 의심이 생긴다 하더라도 처음부터 바로 자신을 쓸모없다고 확신하지는 않을 것입니다. 가정교육이라는 이름 아래에서 반복된 부정, 고함치고 울면서 부정했던 것, 혹은 폭력이나 무시라는 이름의 부정에 의해 아이는 자신이 쓸모없다는 생각을 받아들이게 됩니다. 이것은 어떠안 가지판에 완진히 ⅄I로잡힌 단게이며 하나의 자아가 완성되는 단계라고도 할 수 있습니다. 동시에 이너차일드가 완성되는 단계이기도 합니다. 이 단계가 슬픔입니다. 어떤 가치관으로 부정당해 한 번에 그 가치관을 받아들여야만 할 때, 즉 강한 충격을 받았을 때에는 공포가 지나쳐서 슬픔이 되는 것입니다. 현세적 가치관(병원체)에 감염되는 것을 충격이라고 했는데 깊게 감염되면 그것에 반응하는 증상도 변하듯 현세적 가치관을 배출하려고 생겨나는 감정도 다르게 옵니다. 어쨌든 슬픔, 이것이 감정 변천의 제3단계입니다. 제2단계의 자신의 가치에 대한 의심은 '자신을 부정하는 가치관'에 의해 마음에 상처를 받았을 때 생겨나는 두려움의 감정이고 그 가치관의 침입을 방어하기 위한 것이었습니다.

제3단계의 슬픔은 이러한 방어막이 뚫려 '자신을 부정하는 가치관'의 침입을 허락했을 때, 혹은 마음에 크게 상처받았을 때 생기는 감정입니다. 즉, 병원체의 체내(혈액 중) 침입을 허락했을 때 고열(전신의 염증)이나 발진 등의 증상이 생겨 병원체를 몸 밖으로 배출하려고 하듯, '자신을 부정하는 가치관'을 마음속에 받아들였을 때 생기는 감정이 슬픔이며 이는 '자신을 부정하는 가치관'을 마음 밖으로 배출하려고 생기는 것입니다.

증상을 억압하는 것이 병원체의 침입에 적극 투항하는

것이듯, 슬픔을 억누르는 것 또한 '자신을 부정하는 가치관'의 침입에 백기 투항하는 것임을 이해해야 합니다. 다른 사람이 자신에게 쓸모없는 아이라고 꼬리표를 붙였다고 해도 최종적으로 스스로에게 쓸모없는 아이라는 꼬리표를 붙이는 것은 자기 자신입니다. 가치관이라는 우리에 스스로를 가두는 것은 다름 아닌 자기 자신입니다. 물론 부모 등 타인으로부터 부정당한 것으로 인해 가치관에 사로잡혀 '나는 가치가 없는 인간이야.'라고 믿었겠죠. 그렇지만 결국 그것을 믿을지 말지는 자신에게 달렸습니다. 가치관을 믿는 것도 자신이고, 그 가치관으로 나는 가치가 없다고 믿는 것도 자신입니다. 자기부정이란 그런 것입니다. 자신을 철창에 가두고 가치가 없다고 믿는 것이 자신이라면 그 철창을 부수고 스스로를 구해낼 수 있는 것도 자신뿐입니다. 누군가가 대신할 수 없습니다. 이렇게 '나는 사랑받을 가치가 없는 쓸모없는 아이야.'라고 부정당한 자신이 이너차일드이므로 기본적으로 모든 이너차일드는 슬퍼하고 있습니다.

이 부분을 조금 더 자세히 설명하겠습니다. 아이는 '사랑받는 것은 선이다.'라는 가치관을 본능으로 가지고 있고 어떤 아이라도 사랑받고 싶다는 욕구를 가지고 있기에 '사랑받을 가치가 없는 쓸모없는 자신'인 상태로 있는 것이 슬픔을 만들어 냅니다. 사랑받고 싶기 때문에 사랑받을 가치가 없는 자신인 것이 슬픈 것입니다. 슬픔의 근원에는 '엄마에게 사랑받고 싶다.', '아빠랑 같이 있고 싶다.', '친구들이 무리에 끼워줬으면 좋겠다.' 등의 소망이 있습니다. 그 소망이 좌절된 자신으로 있는 것이 슬픈 것입니다. 이것이 이너차일드의 근본이고 슬픔의 이유입니다.

욕구가 억압당해 화를 내는 아이는 아주 많습니다. 하지만 분노의 깊숙한 곳에는 슬픔을 느끼는 아이가 있습니다. 울고 있는 내면아이, 슬퍼하고 있는 내면아이를 발견할 수 있다면 그 가치관에 사로잡힌 이너차일드를 완전히 해방시킬 수 있습니다. '바보 같은 나는 쓸모없어.'라던지, '시험에서 백 점을 받지 못한 나는 가치가 없어.'라며 슬퍼하고 있는 이너차일드를 발견하는 열쇠는 슬픔이라는 감정입니다. 무엇보다도 충격이 너무 커서 자기치유력(의심이라는 공포나 슬픔)이 생기지 않은 상태의 경우에는 충격을 받은 이너차일드에게 '슬펐지? 울어도 괜찮아. 슬퍼해도 괜찮아.'라고 말해줍시다. 물론 레메디도 유효합니다. '울어선 안 된다.' 혹은 '훌쩍거리면 안 된다.', '슬퍼하면 안 된다.'라는 가치관으로 슬픔의 감정을 억압하는 경우도 마찬가지입니다. 어떠한 가치관에 기초하여 자기부정으로 하나의 가치관에 완전히 사로잡혀 버린다고 했지만 가치관에 사로잡힌다는 것은 세뇌 등에 의해서도 일어날 수 있습니다. 어쨌든 가치관을 확립한 시점에서 자기부정을 하는 것은 불가피한 일입니다. 그리고 자기부정에 의해 이너차일드는 형성됩니다. 이너차일드는 슬픔과 함께 있는 것입니다.


## 슬픔을 느끼고 울어서 가치관을 배출하다

고열, 발진이 나쁘다고 해서 약으로 억압하면 병원체나 이물질을 체내에 머무르게 하는 것이듯, 슬픔을 나쁜 것, 피해야 하는 것으로 여겨 항정신성 약물을 복용하면 현세적 가치관을 마음속에 머무르게 하는 것이 됩니다. 마찬가지로 슬픔이 생기지 않도록 가치가 있는 인간이 되려고 노력하는 것도 슬픔을 회피하려고 하는 것일 뿐이며 근본적인 해결은 아닙니다. 슬픔을 느끼는 근본인 이너차일드를 치유하지 않는 한 확신해버린 가치관을 해방하는 것은 불가능합니다. 슬픔이 생겼을 때에는 마음을 달래거나 그 감정을 부정이나 억압, 혹은 상황을 회피하는 것이 아니라 슬픔을 충분히 느끼고 무엇을 슬퍼하고 있는지 그 정체를 확실히 봅니다. 그러면 어떤 가치관에 의해 스스로 가치가 없다고 생각하게 된 것인지 알 수 있습니다. 가치가 없는 자신을 슬프다고 생각하는 것은 스스로가 사랑받을 가치가 없다고 믿었기 때문입니다

이 가치관을 배출하기 위해서는 가치관으로 부정당하고, 스스로를 쓸모없다고 여겨 슬퍼한 상황을 생각해 내어 슬퍼하고 있는 이너차일드에게 공감해 줍니다. 그리고 '부정당해서 괴로웠지?'라고 말을 걸어줌과 동시에 '어떻게 해주길 바랐어? 혹은 어떻게 하고 싶었어?'라고 물어봅니다. 그러면 '그런 가치관으로 스스로를 부정하지 않고, 있는 그대로의 자신을 받아들이길 바랐어.'라고 대답하겠죠. 거기에서 그 가치관 자체에 대해 생각해 봅니다. 잘 살펴보면 그 가치관은 절대적인 것이 아니라 단지 종이호랑이임을 알 수 있습니다.

몸이 병원체나 이물질을 고열이나 발진을 통해 몸 밖으로 배출하려고 하는 것처럼 슬픔의 감정을 정면으로 마주함으로써 가치관을 배출하는 것이 중요합니다. 이때 울 수 있다면 마음껏 우세요. 울면 전신이 뜨거워지는데 그것은 발진처럼 체내에 받아들였던 이물질을 배출하는 과정입니다. 고열과 이어지는 발진이 가장 강력한 배출 증상인 것처럼 이너차일드의 슬픔을 느끼고 우는 것은 가장 강력한 가치관의 배출 증상이라고 할 수 있습니다. 슬픔 이후의 감정의 경우에도 그 안에 있는 슬픔을 찾아내는 것이 치유의 열쇠입니다. 왜냐하면 슬픔의 이너차일드가 이너차일드의 핵이기 때문입니다.

슬픔의 감정은 '현세적 가치관에 감염되어 있어요.'라고 하는 알림이자 현세적 가치관을 내쫓기 위해 발동하는 증상이라고 설명했습니다. 그렇다면 열을 냅시다. 발진을 냅시다. 슬픔을 있는 그대로 느끼고 모두 내보냅시다. 이물질을 다 내보낼 때까지 슬픔을 느끼는 것이 좋습니다. 고열, 발진을 고맙다고 생각할 수 있는 사람은 이물질을 계속하여 배출할 수 있는 것처럼, 마음속 깊은 곳에서 슬픔의 감정에 가까이 다가갈 수 있는 사람은 가치관을 해방시킬 수 있습니다. 참고로 레메디를 먹으면 여러 번 억압당한 슬픔의 감정이 고열, 발진으로 배출되는 경우가 있습니다. 예를 들어 두려움이나 슬픔으로부터 도망치지 않고 마주하는 것이 가능하다면, 즉 상처받은 고통에 기꺼이 머물며 아픔을 신뢰하고 충분히 느끼는 것이 가능하다면, 가치가 없는 자신에 대한 슬픔이 '그런 가치관이라면 가치가 없어도 괜찮아.(= 가치관 그 자체에 대한 의심)'라는 태도로 바뀔 수도 있습니다.

## 슬픔의 레메디

딸이 화가 나서 저에게 덤벼들 정도로 무섭게 굴었던 적이 있었습니다. 그때 제가 "엄마는 너를 이해하니까 미안해."라고 사과하자, 좀 전까지만 해도 불같이 화를 내던 딸의 눈에서 순식간에 눈물이 쏟아졌습니다. 그리고 딸을 껴안았습니다. 상대를 받아들이는 것이 이렇게나 효력이 있는 것입니다. 스스로를 부정하는 가치관을 배출하기 위해서는 슬픔과 눈물이 필요합니다. 그리고 그것을 유도하는 방법으로 앞에 쓴 것처럼 공감과 수용이 중요합니다. 사람은 모두 괴로워합니다. 화를 내고 있는 사람도, 원망하고 있는 사람도…. 괴로워하고 있는 부분에 공감하여 받아들이는 말을 하는 것으로 있는 그대로의 솔직한 생각이 떠올라 울 수 있습니다.

  슬픔의 감정을 되돌려 눈물을 배출하기 위한 방법으로 동종요법은 아주 유효합니다. 슬픔이나 눈물을 내보낼 수 없는 것은 마음속에 '자신을 부정하는 가치관'이 있다는 것을 마음이 인식하지 못하거나 할 수 없게 되었기 때문입니다. 그러니까 '자신을 부정하는 가치관'이 있음을 확실히 인식시키기 위해 '자신을 부정하는 가치관'과 동종인 레메디를 먹는 것입니다. 슬픔의 레메디에는 예를 들어 Ign.(이그나시아, 이그나시아 열매), Nat-m.(나트륨 뮤리아티쿰, 암소금), Cycl.(시클라멘, 앵초과) 등이 있습니다. 급성 슬픔에는 Ign.를, 만성 슬픔에는 Nat-m.을, 그리고 깊은 슬픔에는 Cycl. 레메디를 먹는 것으로 각각의 단계에서 충분히 표출되지 못했던 슬픔이 떠오릅니다.(슬픔의 레메디는 아주 많이 있습니다) 잠재의식에 가라앉아 있던 슬픔과 공명하는 레메디를 먹어 슬픔을 현재 의식으로 불러내 감정을 되찾는 것으로 미해결된 문제를 해결할 수 있습니다. 아래에 소개한 것은 Ign.의 사례인데, 급성 슬픔을 억압한 경험이 있는 사람이 Ign. 레메디를 먹으면 자연스럽게 눈물이 흘러나오는 경우가 자주 있습니다.

"언제나 동종요법의 도움을 받고 있습니다. 얼마 전 돌아가신 분에 대한 추억을 유족에게 전달하는 방송을 봤습니다. 저도 몇 년 전 돌아가신 할아버지나 낙태한 아이를 떠올리며 슬퍼졌습니다. 제 안에서 확실하게 이별하지 못했다고 생각하여 Ign.를 먹어봤습니다. 그러자 자연스럽게 눈물이 나왔습니다. 간호사라는 직업상 죽음을 마주하는 일이 많았는데 지금까지 경험했던 임종 장면이 새록새록 떠올랐습니다. 다양한 사람들의 죽음이 떠올랐고 다 울고 난 뒤에는 기분이 아주 개운해져서 이제는 정말 이별할 수 있겠다는 생각이 들었습니다. 마음이 아주 편안해졌습니다. Ign.를 먹길 잘했다고 생각합니다."「RAH-UK체험담」에서 인용.(2000년 8월부터 시작된 동종요법 사용 체험담 게재 웹사이트. 2013년 2월 현재, 투고 기사는 3600건 이상으로 동종요법 체험담 사이트로는 세계 최대)

"우리들은 Nat-m.으로부터 세상이나 마음에 대해 벽을 쌓는 것이 얼마나 괴로운 것인가를 배운다. 울지 않는 것이 얼마나 괴로운 것인지. 이 레메디가 가지고 있는 바다와 같은 끝없는 치유력을 배운다."『The Mad Hatter's Tea Party』(Melissa Assilem, Homoeopathic Supply Co)

「Cyd.(시클라멘)의 시」
깊고 깊은 슬픔이 나의 얼굴을 땅으로 향하게 한다
나는 해야 할 의무를 다하지 않았다
얼굴을 들 수 없다 움직일 수도 없다
다만 눈물만이 땅에 떨어진다
그런 쓸모없는 자신을 사람들에게 보여주고 싶지 않다
하지만 얼굴을 들고 다시 한번 걸어 나갈 용기를 원한다
깊은 슬픔만이 나를 수렁에서 끌어내 준다
그러니 지금은 이렇게 땅을 바라보고 있자
『감정일기 2013』

## 슬픈 일을 떠올릴 수 없을 때

이너차일드를 찾는 열쇠는 슬픔이라고 했습니다. 슬퍼할 때 이너차일드가 완성되기 때문입니다. 하지만 슬픈 일이 좀처럼 떠오르지 않는 사람도 많습니다. 그런 사람은 다음과 같은 각도에서 기억을 찾아보세요.

- 혼난 적이 있는가?
- 위협받은 적이 있는가?
- 주의, 비판받은 적이 있는가?
- 맞아본 적이 있는가?
- 무시당한 적이 있는가?
- 싫은 소리를 들은 적이 있는가?
- 비웃음당한 적이 있는가?
- 괴롭힘당한 적이 있는가?
- 누군가를 슬프게 한 적이 있는가?

혼나거나, 위협당하거나, 주의나 비판을 받거나, 맞거나, 무시당하거나, 비웃음당하거나, 괴롭힘을 당하거나, 누군가를 슬프게 하는 것으로 슬픔의 감정이 생기는 경우가 많기 때문입니다. 슬펐던 일을 떠올리려고 해도 좀처럼 떠오르지 않는 경우가 있는데 다른 각도에서 찾아보는 것으로 지금까지 알아차리지 못했던 것을 알아차릴 수 있습니다. 특히 어머니를 슬프게 했을 때 대다수의 아이들은 자신도 슬퍼집니다. 어머니를 슬프게 한 자신은 쓸모없다며 자기부정을 하기 때문입니다. 또한 어머니가 슬퍼하는 모습을 보면 어머니를 슬프게 만든 가치관에 감염되어 똑같이 슬퍼지기 쉽다고도 할 수 있습니다. 그러니까 자신이 어머니나 누군가를 슬프게 만든 경험이나, 어머니나 누군가가 슬퍼하는 모습을 본 적이 있는지 없는지를 찾아보는 것이 어린 시절의 슬픔을 떠올릴 수 있도록 도와줍니다. 혼자서는 도저히 떠오르지 않을 때에는 앞에 말한 것을 부모님, 조부모님, 형제자매에게 물어보는 것도 좋습니다.

제**4**장

## 제4단계    만성 공포

**【가치관】** 회피(두 번 다시 상처받지 않도록 회피)

**【감정】** 만성 공포, 미래에 대한 공포, 불안

**【증상】** 미열, 습진

# 제4단계   만성 공포

**내면에 보물이 있다!**

사람이라면 누구라도 원래부터 사랑받을 가치가 있는데 부정당하는 것으로 인하여 자신이 사랑받을 가치가 없는 것이 아닌지 의심을 합니다. 그리고 사랑받을 가치를 추구하게 됩니다. 이렇게 하여 원래 자신이 가지고 있음에도 불구하고 자신을 의심하여 가치를 찾고 원하게 되는 것입니다. 이것이 욕망 = 자아 = 선이 되는 것의 기원입니다. 원래부터 가지고 있는 것을 바라는 것이 어떤 결과를 가지고 오는지는 자신의 집 안에 보물이 있는데 그것을 집 밖으로 찾으러 가면 어떻게 되는지를 생각하면 이해될 것입니다.

밖으로 찾으러 나가 있는 한 결코 보물을 찾을 수 없습니다. 자아란 그런 것입니다. 보물을 찾기 위해서는 자신의 집으로 돌아가야만 합니다. 집으로 돌아가기 위해서는 자신이 선이라고 믿어 버린 가치관을 버려야 합니다.

가치관을 버린다는 것은 자아가 없어지는 것입니다. 진짜 자신의 가치를 발견하기 위해서는 자신에게 가치가 있다고 생각하게 해준 현세적 가치관이라는 사다리에서 손을 떼야 합니다. 손을 떼면 반드시 떨어집니다. 그렇게 떨어진 곳이 현세적 가치관에 따르면 '최악'이라고 불리는 장소입니다.

그곳이 '우리 집'이라고 불리는 만물제동(萬物齊同)의 장소입니다. 그곳에서만 보물, 즉 진짜 가치가 발견되는 것입니다. 자세한 것은 『동종요법적 신앙』(일본 호메오퍼시 출판)을 읽어보세요. 참고로 저는 매년 1월 4일에 '신춘 동종요법 토크'라고 하는 무료 강연회를 열고 있는데 그때 올해의 한 문장을 씁니다. 2013년은 '내면에 보물이 있다.'라고 썼습니다. 노력해서 가치 있는 자신이 되는 것이 아니라, 쓸모없는 자신을 조금씩 받아들임으로써 가치관에서 벗어나 내면에 있는 보물에 다가가고 싶다고 생각했기 때문입니다.

## '미래에 대한 공포'가 만들어 내는 행동

적으로부터 공격을 받아(부정당해) 상처받았을 때(충격받았을 때), 상처를 치유하고 적으로부터의 공격을 방어하기 위해 생겨나는 감정이 의심이라는 공포(제2단계)이고, 그 방어막이 뚫려서 중상을 입는 것이 슬픔의 상태라고 했습니다. 그 슬픔으로부터 다시 일어났다면 두 번 다시 상처받지 않기 위해 상처받을 만한 상황을 회피하게 됩니다. 아직 상처받지 않았지만 상처받는 것을 두려워하게 됩니다.

저는 CHhom의 학장으로 일하고 있습니다. 학교 복도를 지나가는데 어떤 학생이 저를 보고 벽에 딱 붙어서 경직되어 있었습니다. 그 사람에게 "무서워하지 않아도 괜찮아. 나는 이름이 토라코일 뿐이지 토라(호랑이)가 아니야. 그런데 예전에도 나를 무섭다고 생각한 적이 있어요?"라고 물어보니 "직장에서 권력 있는 사람에게 괴롭힘을 당해서 좋아했던 일이었음에도 울면서 그만둘 수밖에 없었던 일이 있었다."라고 대답했습니다. 제가 그녀를 괴롭힌 적은 없지만 저를 그 사람에게 겹쳐 생각하여 무서워한 것입니다.

이 사람에게는 사람이 가까이 오는 것을 혐오하는 Con.(코나이엄, 독미나리)과 불쾌한 계기로 인하여 불안에 다다른 Phos.(포스포러스, 인) 레메디를 지시히였습니다. 레메디

덕분인지 이 학생은 공포의 원인을 알게 되어 이너차일드를 치유하기 위해 자신의 마음을 확실하게 바라보게 되었습니다.

제2단계의 두려움은 상처받았을 때 가지게 되는 급성 두려움, 현재의 두려움(자신의 가치에 대한 의심)이지만 한 번 이너차일드가 형성된 후에 가지게 되는 제4단계의 공포는 '또 상처받는 게 아닐까?'라고 하는 만성 공포, 미래에 대한 공포입니다. 이 만성 공포는 다음 두 가지의 '상처받지 않기 위해 도망가는 행동'을 가져옵니다.

① 자신이 부정당한 상황을 회피하려고 한다 (부정당하지 않는 상황으로 바꾸려고 한다)
② 자신이 부정당하지 않도록 스스로 가치 있어지려고 노력한다 (부정당하지 않는 자신으로 바꾸려고 한다)


★ 두려움이 만들어내는 행동

① 자신이 부정당한 상황을 회피하려고 한다 (부정당하지 않는 상황으로 바꾸려고 한다)
미래에 대한 두려움은 두 번 다시 상처받지 않기 위해 상처받을 것 같은 상황으로부터 회피하는 원동력이 됩니다. 예를 들어 '무

지는 악'이라는 가치관을 가지고 있어서 무지한 자신을 부정한 경험이 있다면 즉, 이너차일드가 있다면 무지가 폭로 당할 것 같은 상황이 되었을 때 두려움이 생기고 그 장소에서 도망치고 싶어집니다. 이것은 부정당하는 것(깊게 상처받는 것 = 슬픔)이 무섭기 때문에 도망친다고 생각할 수도 있습니다. 하지만 도망치면 도망칠수록 쫓기는 것이 진리이고 마침내 따라잡혀 상처받는 것이 필연입니다. 다 끊어냈다고 생각해도 두려움이 남아서 그 두려움은 동종의 법칙에 따라 뒤쫓는 것을 끌어들여 결국 반드시 상처받는 것입니다. 계속해서 도망치는 한 영원히 두려움으로부터 해방될 수 없습니다. 도망치고 있는 것과 마주하지 않는 한, 사실은 두려워한 대상이 무섭지 않다는 것을 알아차릴 수는 없습니다. 도망치는 한 진짜 문제 해결에 닿을 가능성은 없습니다. 쫓기는 것은 무서운 일이지만 당신을 쫓아 상처를 주려는 것은 사실 아주 고마운 존재입니다. 왜냐하면 당신을 당신 자신에게 데려다주는 존재이기 때문입니다. 그 존재는 당신이 당신 자신으로부터 벗어나 부자연스러운 가치관에 감염되어 있다는 것을 알려주기 때문입니다.

그런 의미에서 슬픔이나 두려움으로부터 도망치기 위해 부정당하는 상황을 회피하려고 하는 것은 괴로운 증상을 약으로 멈추게 하려는 것과 같은 대증요법에 지나지 않고, 근본적인 해결 방법이 아닙니다. 해결법은 상처받는 것에 대한 두려움 안에 있는 상처받은 경험, 부정당해 슬퍼한 경험을 떠올리고 이너차일드에게 공감하며 이너차일드가 원하는 것에 귀를 기울임과 동시에 가치관 그 자체에 의문을 느끼는 것으로 이너차일드를 치유하는 것입니다. 이를 위해서는 슬픔이나 두려움을 가지는 상황이 필요합니다. 그러한 상황에 직면했을 때 슬픔이나 두려움과 정면으로 마주하는 것을 두려워하지 마세요. 부정당한 슬픔이나 두려움 안에 의도적으로 머무르는 것으로 가치관의 해방이 일어날 수 있습니다.


## ② 자신이 부정당하지 않도록 스스로 가치 있어지려고 노력한다 (부정당하지 않는 자신으로 바꾸려고 한다)

이너차일드가 형성되면 자아도 완성되고 선과 악도 명확해집니다. 선악의 명확화는 선에 대한 지향성과 악에 대한 두려움에 의해 '노력한다'고 하는 현상을 만들어냅니다. 문제는 큰 상처를 입어 슬픔이 트라우마가 됨으로써 한 번 이너차일드가 형성되고 나면 아무리 가치 있는 인간이 되려고 노력해도, 혹은 노력한 결과로 가치가 있는 인간이 되었다고 해도 '다시 상처받는 건 아닐까?' 하는 만성 두려움은 소멸되지 않습니다. 그래서 상처받지 않도록 계속해서 노력을 하게 됩니다. 또한 악(가치가 없는 것)에 대한 두려움이 완성되면 가치가 없는 자신에 대한 두려움에 의하여 더욱 가치 있는 인간이 되려는 욕구가 절실해져 그것이 실질적인 자아가 됩니다. 두려움이 있기에 자아는 진지하게 가치가 있는 인간이 되려고 하는 것입니다. 다만 현세적 가치관은 만들어진 가치관으로 진실의 세계에서 벗어난 가짜 세계(자아가 꿈꾸는 세계)일 뿐입니다. 하지만 자아가 꿈꾸는 세계는 자아에게 있어서는 아주 현실적이기 때문에 꿈에서 깨는 것이 불가능합니다.


　자아가 꿈꾸는 세계를 현실적으로 만드는 것은 감정과 감각입니다. 충격, 두려움, 슬픔, 분노, 기쁨, 만족, 안도…. 요컨대 괴로움과 그것으로부터의 해방(기쁨), 육체적 고통과 쾌락이 더욱 현실감을 동반하여 꿈을 꾸도록 하는 것에 불과합니다. 이러한 의미에서 고통과 기쁨의 감정을 자신이 꿈을 꾸고 있다는 것에 대한 메시지로써 받아들일 수 있다면 깨어나는 것도 가능합니다. 감정이란 원래 그렇게 사용하는 것입니다. 게다가 가치가 없는 쓸모없는 아이라고 확신하는 이너차일드에 의해 가치가 있는 존재가 되기 위한 노력이 생깁니다. 이러한 노력의 근원에는 두 번 다시 상처받고 싶지 않다, 즉 두 번 다시 슬퍼하고 싶지 않다는 미래에 대한 두려움이 있습니다.

　이런 의미에서 가치가 있는 자신이 되려고 노력하는 것 또한 도망치는 것에 불과합니다. 상처받아도 아무것도 느끼지 않는다면 다시 도망치려고 하는 힘도 생기지 않습니다. 신악의 가치관이 행동력을 가져다주기도 하지만 두렵거나 슬픈 감정이 괴롭기 때문에 괴로움으로부터 도망치기 위해 가치가 있는 존재가 되려고 노력하는 것입니다.

이처럼 온갖 노력의 근원에는 이너차일드가 있습니다. 그것은 가치가 있는 인간이 되고 싶다, 즉 '사랑받고 싶다, 받아들여지고 싶다, 부정당하고 싶지 않다, 거절당하고 싶지 않다'는 생각에서 생깁니다. 슬프고 괴로운 생각을 하고 싶지 않다, 슬프고 괴로운 생각을 하는 것이 무섭다고 생각합니다. 문화와 문명 추진력의 원천은 이너차일드에 있다고 해도 과언이 아닙니다. 하지만 이너차일드(부자연스러운 자아)의 생명은 자연스러운 목적(자신 본래의 생명을 살아가는 것)으로부터 형성되지 않았기 때문에 거기에서 만들어지는 것에는 어떻게 해도 부자연스러운 생명이 불어넣어져 자연과 조화를 이루지 못합니다.


## 만성 공포로부터 탈출하려면

이처럼 쓸모 있는 자신이 되려고 노력함으로써 슬픔으로부터 탈출할 수 있습니다. 언뜻 보면 슬픔의 단계를 뛰어넘어 상승하는 것처럼 보이지만 실제로는 끊임없이 밀려드는 만성 공포 단계에 들어서는 것입니다. 가치 있는 사람이 되기 위해 노력하여 실제로 어떠한 가치관에 따라 그린 사람이 되었다고 하더라도 그 안에는 가치가 없는 자신 = 이너차일드가 있기에 두려움은 결코 사라지지 않습니다. 그 두려움은 끊임없이 계속 노력하는 행동력을 만들기 때문에 영원히 애써야 합니다. 그래서 인간은 죽을 때까지 계속 노력하는 것입니다. 결국 노력이라는 것은 '슬픔(가치가 없는 자신)'이나 '공포(상처받는 것, 부정당하는 것)'로부터 도망치는 것일 뿐입니다. 그곳에 있는 것은 다시 상처받는 것에 대한 공포입니다. 도망치는 한(노력하는 한) 공포로부터 벗어나는 것은 결코 불가능합니다.

만성 공포로부터 도망치지 않고 정면으로 마주한다면 두려움 속에서 상처받고 슬퍼하는 자신(이너차일드)을 발견할 수 있고 자신이 슬픔으로부터 도망치고 있음을 이해할 수 있게 됩니다. 그 슬픔의 단계까지 돌아갈 수 있어야 비로소 이너차일드를 치유할 수 있습니다. 혹은 눈물을 흘림으로써 스스로를 묶어 두었던 가치관에서 벗어날 수 있습니다.

## 임질 마이아즘[3] = '타인보다 뛰어난 것이 선'

---

3) 편집자 주: 임질 마이아즘(淋病 Sycosis)의 테마는 과잉이다. 임질 자체가 아닌, 마이아즘화가 된 상태이다. 신체적으로는 모든 면에서 과잉이고, 비대, 증식, 종양, 근종, 사마귀 등의 증상이 생긴다. 골반내에 있는 장기, 특히 생식기에 증상이 나타나기 쉽다. 예방접종을 하게 되면 임질마이아즘적인 상태가 된다. 정신적으로는 삼사이나 이해력이 떨어지고 공부에

어떤 가치관으로 자신의 가치가 부정당해 슬픔을 느끼면 그 가치관에 완전히 잠식된 채로 자아가 완성된다고 했습니다. 슬픔을 안고 있는 아이는 가치가 있는 인간이 되기 위해, 다시 말해서 사랑받는 존재가 되기 위해 차례차례로 새로운 가치관을 형성합니다. 제2단계 개선 마이아즘은 '사랑받는 것은 선이고 사랑받지 못하는 것은 악이다'라는 가치관입니다. 그리고 이 가치관이 근본에 있기에 사랑받는 것, 조건적인 사랑을 받는 것이 천 개의 가치관(천개의 병)을 낳습니다.

제3~4단계는 임질 마이아즘으로 이것은 '타인보다 뛰어난 것이 선이고 타인보다 못한 것은 악이다'라는 가치관입니다. 일부 동물에게는 볏이나 뿔이 큰 것이 선이고 작은 것이 악이라고 하는 가치관이 있는데 그것도 말하자면 '뛰어난 것이 선이고 뛰어나지 못한 것은 악이다'라는 가치관의 일부라고 할 수 있습니다. 혹은 어떤 가치관으로 부정당한 것 때문에 다른 가치관으로 '가치가 있는 인간이 되고 싶다.'라고 생각하는 것, '타인을 기쁘게 하고 싶다.'라거나 '도움이 되고 싶다.'라고 하는 가치관을 가지는 것도 임질

---

집중 못하고 멍한 상태가 된다. 마음이 여기에 있지 않다. 성욕 항진, 일 중독경향이 있다.(참고문헌: 『Miasmatic Prescribing』 Dr.Subrata Kumar Banerjea)

마이아즘에 속하는 것이라고 생각합니다.

'타인보다 뛰어난 것이 선이고 뛰어나지 못한 것이 악이다.'라는 가치관은 '사랑받는 것이 선이고 사랑받지 못하는 것은 악이다.'라는 가치관에서 파생되었습니다. 즉 임질 마이아즘은 개선 마이아즘에서 파생되어 본능이 된 가치관이라고 할 수 있습니다. 사람은 태어날 때부터 '타인보다 뛰어난 것이 선이고 타인보다 못한 것이 악이다.'라는 가치관을 가지고 있는 것입니다. 참고로 항임질 마이아즘의 대표 레메디는 Nat-m.으로 슬픔의 레메디입니다. 자신이 뛰어나지 못한 것, 훌륭하지 못한 것, 쓸모가 없는 것, 타인을 기쁘게 하지 못하는 것으로 슬픔을 느끼는 레메디입니다.


## 임질 마이아즘으로부터
## 생겨나는 가치관이 노력을 하게 만든다

임질 마이아즘으로부터 많은 가치관이 태어나고 경쟁이 생깁니다. 아이는 '자신은 가치가 없는 쓸모없는 아이다.'라는 슬픔으로부터 탈출하기 위해 새로운 가치관을 가지고 가치가 있는 존재가 되려고 노력합니다. 즉 개선 마이아즘을 부정하며 형성된 가치관이 아닌, 긍정적이고 적극적으로 영성된 사지관입니다. 혹은 임질이 마이아즘화 되어 있어서 본능적으로 타인보다 뛰어나려고 형성된 가치관입니다.

열심히 노력할 때 임질 마이아즘이 크게 관여한다고 말할 수 있습니다. 본능적으로 타인보다 뛰어나려고 해도 임질 마이아즘의 배경에는 슬픔이 있기에 결국 노력하는 것의 배경에는 슬픔을 안고 있는 이너차일드가 있을 가능성이 높습니다. 즉 사람은 슬픔에서 탈출하기 위해 새로운 가치관으로 뛰어난 인간, 사랑받을 가치가 있는 인간이 되려고 하는 것입니다. 이렇게 새로운 가치관이 형성되는 경우도 있지만 이는 근본인 슬퍼하고 있는 이너차일드에게 새로운 가치관을 부여하려는 것뿐이고 이로 인해 이너차일드의 슬픔 자체가 치유되지는 않습니다. 다른 가치관으로 보면 가치 있는 인간이 되었다고 할 수도 있지만 결코 두려움이나 슬픔은 사라지지 않고 평생 노력을 지속해야 하는 것입니다.

이와 같은 때에는 왜 자신은 그런 가치관을 가지게 되었는지를 찾고, 왜 부모를 기쁘게 하려고 하는지, 왜 부모에게 칭찬받고 싶다고 생각하는지, 왜 부모가 쓰다듬어줬으면 좋겠다고 생각하는지, 이런 부분을 바라보아야 근본적으로 해결할 수 있습니다. 예를 들어 '부모가 남자아이를 원했는데 나는 여자아이였다.', '부모가 건강한 아이를 원했는데 장애가 있는 몸을 가지고 태어났다.' 등 어쩔 수 없는 이유로 부모를 슬프게 한 경험이 있는 사람의 경우, 부모의 슬픔을 치유하는 방법은 다른 가치관을 통해 부모가 기뻐하는 일을 하는 수밖에 없습니다. 어쨌든 과도한 노력 뒤에는 슬픔이 있고, 그것을 치유하지 않는 한 진정한 의미의 편안함과 안락함을 얻을 수 없습니다.

생각해 보면 저는 어머니에게 칭찬을 받고 싶어서 계속 노력했습니다. 아버지가 돌아가셨을 때 어머니는 배 속에 3개월이 된 저를 품고 차가운 바다에 들어가 헤엄을 치거나 무거운 돌을 들어서 어떻게든 저를 지우려고 했습니다. 하지만 제가 필사적으로 태반에 매달려 있었던 걸까요. 그렇게 해도 지워지지 않았습니다. 어머니는 어떻게 해도 지워지지 않는 배 속의 아이가 분명 남편의 환생이라고 생각하여 낳을 결심을 했다고 합니다. 하지만 태어난 것이 여자아이였고 그 사실을 안 어머니는 아기인 저를 떨어뜨릴 생각을 했다고 이야기했습니다. 그 후의 인생은 당연하게도 필요 없는 아이 취급이었습니다.

저는 태어나기 전부터 필요 없는 아이였고 태어난 후에도 필요 없는 아이였던 것입니다. 어머니가 여자아이를 혐오한 이유는 마지막 장에서도 설명하겠습니다. 제가 여자아이였다는 것이 어머니로부터 사랑받지 못한 큰 원인이었다고 생각합니다. 작은 여자아이일 뿐이었던 저는 어머니가 봐주지 않아서 느끼는 슬픔과 어떻게 해도 사랑받지 못하는 슬픔으로 가득 차 있었습니다. 그런데 벌거벗고 춤을 출 때만 어머니가 머리를 쓰다듬어 줬기에 힘들 때도, 괴로울 때도 어머니를 기쁘게 하기 위해 벌거벗고 열심히 춤을 췄습니다. 그래도 역시 슬펐습니다. 어머니가 사랑해주지 않는 이유 따위는 알 도리가 없고 어떻게 하면 어머니가 나를 인정해줄까, 어떻게 하면 어머니가 나를 칭찬해줄까, 어떻게 하면 어머니가 나를 사랑해줄까 하는 것만 생각하여 어머니에게 가치가 있는 인간이 되기 위해 노력한 것이 저의 인생이었습니다.

제가 영국이라는 이국의 땅에서 지낼 때 주변에는 일본인이 아무도 없었습니다. 언어의 장벽을 넘기 위해 필사적으로 동종요법을 공부해 드디어 동종요법 전문가가 되었을 때 칭찬받고 싶어 가장 먼저 일본에 계신 어머니에게 전화했습니다. 하지만 어머니께서는 칭찬해주기는커녕 입을 열자마자 가장 먼저 하시는 말이 "그걸로 사람 죽이지 마."였습니다.

레메디의 원재료는 독이 많다고는 하지만 고도로 희석, 진탕되어 독성은 전혀 없고, 영국 국회에서 가장 안전한 대체요법으로 인정받았다는 것을 어머니에게 설명한 적이 있습니다. 물론 제가 동종요법으로 큰 도움을 받은 것도 이야기했습니다. 그런 만큼 아주 충격적이었습니다. 이번에야말로 칭찬해줄 것 같다고 생각했기 때문입니다. 결국 마지막의 마지막까지 어머니는 "아주 잘했다."라는 말을 해주지 않았습니다. 어머니가 돌아가시고 얼마 지나지 않아 스스로에게 어머니를 대신해 "아주 잘했어. 아이도 있는데 이국땅에서 동종요법을 공부한 것은 정말 대단한 일이야. 대견해. 대견해."라고 말해 주었습니다. 그렇게 하니 눈물이 솟아나왔습니다. 정말로 그 말 한마디를 원했던 것임을 잘 알 수 있었습니다. 지금 생각해보면 이때의 노력은 제7단계에 해당합니다. 자세한 내용은 제7장 '노력 역전의 법칙'에서 설명하겠습니다.

## 만성 공포에 대응하는 몸의 증상 = 미열과 습진

병원체나 이물질이 체내(혈액 중)에 침입하면 고열이나 발진이라는 형태로 배출하려고 합니다. 이때 고열이나 발진을 억압하면 어떻게 될까요? 병원체나 이물질은 체내에 계속해서 존재하게 됩니다. 그래도 자기치유력이 강하다면 다시 고열이나 발진이라는 형태로 배출하려고 합니다. 하지만 또다시 그 증상을 억압한다면 이번에는 고열이나 발진을 내보낼 수 없게 되고 미열이나 습진이라는 증상으로 변화합니다. 고열은 급성 염증 상태이고, 미열은 만성 염증 상태입니다. 발진은 급성 배출 증상인 데 반해 습진은 만성 배출 증상입니다. 이렇게 되면 진정한 만성 상태라고 할 수 있습니다. 문제가 있는 채로 해결할 수 없는 상태가 되었기 때문입니다. 즉, 병원체나 이물질이 체내에 존재하지만 그 것을 배출할 수 없는 상태입니다.

이처럼 '자신을 부정하는 가치관'이 마음속에 침입하여 슬픔이라는 감정으로 대응하고 눈물이라는 형태로 '자신을 부정하는 가치관'을 배출하려고 하는데 이때 슬픔이나 눈물을 억압하면 '자신을 부정하는 가치관'은 마음속에 계속해서 존재하게 됩니다. 그래도 자기치유력이 강하면 다시 슬픔이나 눈물이라는 형태로 '자신을 부정하는 가치관'을 배출하려고 합니다. 하지만 슬픔이나 눈물을 반복해서 억압하면 더 이상 슬픔을 느끼는 것도, 우는 것도 불가능해져 버립니다. 이 또한 진정한 의미의 만성 상태라고 할 수 있습니다. 문제가 있지만 해결할 수 없는 상태가 되었기 때문입니다. 즉, '자신을 부정하는 가치관'을 가지면서 그것을 배출할 수 없는 상태입니다. '자신을 부정하는 가치관'이 마음속에 들어오지 않도록 두려움을 이겨내려고 노력하거나 상황을 회피하려 한다면 확실히 이미 가지고 있는 가치관보다 더 큰 '자신을 부정하는 가치관'의 침입은 막을 수 있을 것입니다.

하지만 도망치고 있는 한 이미 마음속에 있는 '자신을 부정하는 가치관'을 배출하는 것은 불가능합니다. 또한, 부정당하지 않도록 노력하거나 부정당할 것 같은 상황으로부터 도망쳐도 보답받지 못하고 몇 번이고 '자신을 부정하는 가치관'의 침입을 허락하게 된다면 마침내 '자신을 부정하는 가치관'을 받아들이는 마음의 허용량을 넘겨 버립니다. 이때 마음은 어떻게 반응할까요? 이제 더 이상 마음속에 '자신을 부정하는 가치관'이 침입하지 못하게 과잉된 반응을 하게 됩니다. 이것이 분노입니다. 분노의 감정은 알레르기에 해당합니다.

## 제 5 장

## 제5단계    분노

**【가치관】** 저항(부정당한 것에 대한 저항)

**【감정】** 분노, 격노, 저항, 반발, 반대, 알레르기, 적대의식, 거부
반응, 과잉반응, 적대심, 비난, 비판, 공격, 항의, 싸움,
책망, 상처 준다, 모욕, 살의, 죄책감, 열등감, 후회, 자
기혐오, 자기비하, 수치심, 불쌍히 여김, 자기연민, 동정,
측은지심

**【증상】** 알레르기, 아토피성 피부염, 천식

# 제5단계  분노

## 슬픔이 분노로 변할 때

어떤 가치관으로 부정당해 자신이 가치 없다는 것을 스스로 확신하여 슬픔의 감정을 가지게 되면 그 가치관에 기초하여 가치 있는 인간, 뛰어난 인간이 되려고 노력한다고 했습니다. 노력해서 가치 있는 인간이 되는 것이 가능하다면 만성의 두려움은 있어도 슬픔은 없겠죠. 하지만 노력해도 몇 번이고 부정당하면 역시 '나는 쓸모가 없구나.'라고 생각하게 되어 더욱 슬퍼집니다. 그럼에도 스스로에게 가치가 없다는 깃을 자기 자신의 문제로 받아들인다면 슬픔 단계에 머물 수 있어서 다시 한번 노력할 수 있습니다. 하지만 인간이라는 존재는 스스로에게 가치 없다는 것을 자기 자신의 문제로 받아들이는 것이 괴로워지면, 어떻게 해서라도 원인을 자신 이외의 문제로 떠넘기려고 합니다.

인간은 약합니다. 노력하여 가치 있는 인간이 되려고 하는 것이 아니라 자신이 가치 없는 것에 대한 책임을 자신 이외의 것에 떠넘기려고 합니다. 아무리 노력해도 가치 있는 인간이 될 수 없다고 포기했을 때에는 그렇게 될 수밖에 없습니다.

예를 들어 연애에 실패했을 때 처음에는 '나는 가치가 없다.'고 생각하여 슬퍼하지만, 시간이 지나면 '상대방이 나쁘다.'며 분노로 바뀌기도 합니다. 헤어진 뒤 곧바로 분노가 생기는 사람의 경우에도 과거의 실연으로 슬퍼한 경험이 분명 있을 것입니다. 어머니나 아버지에게 사랑받고 싶다고 간절히 원했지만, 사랑받지 못했던 것이 최초의 실연 경험이라고 하는 사람도 있습니다. 실연으로 인해 죽고 싶을 정도로 괴로운 적이 있었던 사람은 부모에게 사랑받지 못했거나 방치된 경험이 있을 것입니다. 그런 사람은 과거의 그 슬픔을 떠올리고 느끼는 것이 중요합니다.

## 죄책감은 분노의 일종?

"『이너차일드가 기다리고 있다!』에서 죄책감이나 후회는 분노라고 하셨는데, 혹시 슬픔이 아닌가요?"라는 질문을 받았습니다. 죄책감, 자기비하, 후회, 수치심 등의 감정 레벨이 분노와 본질적으로 같다고 한 것은 이들 감정이 자신에게 가치가 없다고 책망하는 것에 의해 생겨나기 때문입니다. 진짜 슬픔은 자신이든 타인이든 누구도 탓하지 않을 것입니다. 사랑받지 못하는 것을 자신의 문제로 받아들이기 때문입니다. 그리고 자신의 문제로 받아들이기 때문에 그곳에서 순수하게 올라오는 힘(순수하게 노력하려는 힘)이 있습니다. 하지만 노력하려는 그 힘은 제4단계에서 설명한 슬픔의 감정으로부터 도망치려는 것뿐이고 근본적인 해결, 즉 가치관을 해방하는 힘은 되지 않습니다. 오히려 가치관을 강화시킵니다.

죄책감, 자기비하, 후회, 수치심 등의 감정도 한편으로는 자신의 문제로 받아들이는 것처럼 보이지만 다릅니다. 자신을 분열시켜 '쓸모 있고 가치가 있는 나'을 새롭게 만들어서 '쓸모없고 가치가 없는 나'을 책망하는 것입니다. 즉 책임을 이너차일드(쓸모없고 가치 없는 나)에게 떠넘겨 탓을 하는 것으로, 자신의 문제로 받아들이는 것에서부터 도망치는 것입니다.

## 분노나 죄책감은 책임 전가

슬픔의 이너차일드는 자신을 탓하지 않고 타인도 탓하지 않습니다. 슬픔의 이너차일드는 순수하게 사랑받는 것을 원하고 있는 것뿐입니다. 그 소망이 이루어지지 않는 것이 순수하게 슬픈 것입니다. 그리고 사랑받을 가치가 없다는 것이 순수하게 슬픈 것입니다. 근본의 이너차일드는 이처럼 순수한 아이라고 생각합니다. 순수하기 때문에 가치관을 믿고 그 가치관으로 인해 스스로를 쓸모없다고 여겨 슬퍼하는 것입니다.

제가 이너차일드를 치유했을 때 나타나는 이너차일드는 모두 순수하게 어머니로부터의 사랑을 원하는 아이였습니다. '엄마랑 같이 있고 싶어, '엄마에게 사랑받고 싶어, '엄마에게 칭찬받고 싶어, 엄마에게 안기고 싶어, 엄마가 쓰다듬어 줬으면 좋겠어, 엄마에게 인정받고 싶어, 엄마가 웃게 하려면 어떻게 해야 할까?'라고 말하는 아이들입니다. 그곳에는 분노도 죄책감도 없습니다. 분노나 죄책감은 '쓸모없는 나'를 만들고 자신을 사랑해주지 않는 어머니 혹은 '쓸모없는 나'를 탓하는 것으로 생겨납니다. 사랑받지 못하는 것 그리고 자신에게 가치가 없다는 것이 괴로워서 자신을 분열시켜 '쓸모없는 나'를 만들어 버립니다. 이렇게 되면 슬픔의 이너차일드는 계속해서 남아 있습니다.

이처럼 죄책감, 자기비하, 후회, 수치심 등의 감정은 '쓸모 있는 나4)'가 '쓸모없는 나'에게 책임을 전가하고 있기에 생기는 것입니다. 그렇기 때문에 죄책감, 자기비하, 후회, 수치심이라는 감정의 본질은 슬픔이 아닌 분노(자신에 대한 분노)라고 생각할 수 있습니다. 실연당했을 때 자신을 거절한 상대를 탓하는 것은 옳지 않습니다. 마찬가지로 거절당한 자신은 쓸모없다며 스스로를 탓하는 것도 옳지 않습니다.

자신에게 가치가 없는 것을 솔직히 인정하고 받아들이는 것(부족한 모습 그대로를 인정하는 것)이 치유로 가는 바른 길입니다. 외모 등 자신의 힘으로는 어떻게 해도 고칠 수 없는 경우에는 현세적 가치관으로 보았을 때 뛰어난 사람이 되려고 노력하는 것이 당연합니다. 하지만 가장 올바른 것은 사랑하는 사람에게 사랑받아야 한다는 가치관을 포기하는 것입니다. 그렇게 할 수 있다면 노력할 필요도 괴로움

---

4) 편집자 주: 본문의 '쓸모 있는 나'는 원서에 '駄目ではない自身(쓸모없지 않은 나)'로 쓰여 있지만, '쓸모없지 않은 나'로 직역했을 때 '쓸모없는 나'와 혼동되고 읽기에 어려움이 있어 본서에서는 '쓸모 있는 나'로 표현했다.

이나 슬픔도 없어집니다. 그럴 수 없다면 노력하는 수밖에 없겠죠.

상대를 탓하든 자신을 탓하든, 누군가를 탓하고 있는 한 그것은 문제의 본질로부터 도망치고 있는 것에 지나지 않습니다. 책임을 자신 이외의 타자 혹은 자신의 이너차일드에게 떠넘기고 있는 동안은 분노나 죄책감 등의 감정이 없어지지 않습니다. 그리고 가치가 있는 인간이 되려고 노력해도 문제의 본질로부터 도망치고 있을 뿐이므로 두려움의 감정이 없어지지 않습니다.

문제의 본질은 가치관에 감염되어 있는 것입니다. 앞의 예시로 말해 보자면 근본적인 해결은 '못생긴 사람은 가치가 없다.'라는 가치관과 '사랑받지 못하면 안 된다.'라는 가치관 자체에 대한 의심과 해방에 있습니다. 슬픔이라는 감정을 만들어 내는 가치관에 의문을 품지 않고 노력한다면 문제의 본질로부터 도망치고 있는 것일 뿐입니다.

그러나 쓸모없는 자신, 가치 없는 자신을 자기 자신의 문제로 받아들이고 있다는 점에서 노력하는 행위는 분노나 죄책감으로 타자나 자신을 탓하는 행위보다 옳다고 할 수 있습니다.

## 분노는 알레르기

　병원체나 이물질의 침입을 허락하여 그것이 배출되지 않아 체내에 있을 때 그것과 똑같은 것을 두 번 다시 체내에 침입시키지 않으려고 몸이 과잉된 반응을 하게 됩니다. 이것이 알레르기입니다. 알레르기는 자신 안에 미해결된 이물질이 허용량을 넘어선 결과로 생겨나는 올바른 반응입니다. 다르게 바라보면 알레르기는 '내 안에 미해결된 문제가 있어요, 허용량을 넘기고 있어요.'라고 하는 알림인 것입니다. 이것을 해결하기 위해서는 그 병원체나 이물질을 배출하는 수밖에 없습니다. 즉 고열과 발진이 필요한 것입니다.

　분노는 알레르기에 해당합니다. 상처받고 싶지 않다는 두려움때문에 노력을 거듭했지만, 가치 있는 자신이 되지 못하고 결국 '나를 부정하는 가치관'이 침입하여 허용량을 넘어서게 되면, 다시는 마음속에 그 가치관이 침입하지 못하도록 외부에서 찾아오는 '나를 부정하는 가치관'에 민감해지고 과민 반응을 보이게 됩니다. 격노하는 것입니다. 그러니까 분노는 자신의 마음속에 미해결된 것이 있고 그것이 허용량을 넘어선 결과로써 생겨나는 올바른 반응이며 알림인 것입니다. 따라서 이것을 해결하기 위해서는 자신 안에 있는 '자신을 부정하는 가치관'을 확실히 인식하여 배출하는 수밖에 없습니다. 즉 슬픔과 눈물이 필요한 것입니다 저도 이너차일드가 치유되기 전에는 더 이상은 부정당하고 싶지 않은 나머지 온갖 것에 분노로 반응한 시기가 있었습니다. 바로 그 무렵 저는 꽃가루 알레르기가 너무 심해서 눈도 뜨지 못할 정도였습니다. 이 분노의 배경에는 엄마에게 쓸모없다는 말을 들어 울고 있는 어린 나(이너차일드)가 있었고, 그 어린아이의 마음에 다가가서 함께 우는 것으로 분노를 가라앉혔더니 저절로 꽃가루 알레르기가 나아졌습니다.

## 알레르기의 원인에 예방접종이 있다

참고로 예방접종이 알레르기의 원인이라는 것은 저의 임상경험을 바탕으로 보면 아주 명확합니다. 예방접종은 유기수은, 수산화알루미늄, 항생제, 포름알데히드 등을 비롯한 수많은 유해 화학물질이나 약독화된 병원체, 배양동물 유래의 이종 단백질 등을 직접적으로 체내에 주입하는 것으로 면역계에 큰 혼란과 충격을 주어 병원체나 이물질을 배출할 수 없는 상태로 만들어 버립니다. 체내에 미해결된 큰 문제를 안고 있기 때문에 밖에서 들어오는 것에 민감하게 과잉 반응을 하는 것은 당연합니다.

병원체가 체내에 있는데 배출할 수 없는 상태라는 것은

감염증의 만성상태입니다. 즉, 예방접종이란 유해 화학물질이나 병원체를 직접 체내에 주입하는 것으로 면역력을 저하시켜 한 번에 감염증의 만성상태로 만들어 체내에 항체(IgG항체)가 계속해서 존재하도록 하는 것입니다. 항체 = 면역이라는 틀린 이해에 기초해서 IgG항체가 체내에 존재하면 병의 예방이 가능하다고 여깁니다. 하지만 실제로 IgG항체가 만들어진다는 것은 면역력이 저하되어 병원체가 이물질을 배출하는 것이 불가능할 때, 그 이물질들을 잠정적으로 불활성화, 무독화하기 위한 것입니다.

그렇기에 항체 형성은 이물질을 배출할 수 없는 면역 저하 상태로 만들게 되는 것입니다. 예방접종에서는 면역을 저하시키기 위한 애주번트(Adjuvant)라고 불리는 유해물질을 백신에 혼입합니다. 애주번트를 첨가하는 것으로 항체가 쉽게 형성되기 때문입니다. 그리고 그것을 면역 증강제라고 부릅니다. 원래는 면역 저하제라고 이름이 붙여져야 함에도 불구하고 말입니다. IgG항체가 대량으로 존재하기에 확실히 병원체에 감염되어도 증상이 나타나지는 않겠죠. 얼핏 보면 예방접종으로 인해 감염증이 예방된 것처럼 보입니다. 하지만 앞에서 말한대로 IgG항체가 계속 존재한다는 것은 항원인 병원체를 배출할 수 없을 정도로 면역력이 저하되어 있는 상태도, 예방접종은 감염증의 증상이 나타날 수 없을 정도로 몸의 면역을 저하시키는 것에 지나지 않습니다. 예방접종에 의해 체내에 주입된 병원체나 이물질을 차례로 배출하여 건강을 되찾게 되면 IgG항체가 소실되어 자칭 '예방효과'가 떨어지게 됩니다. 그러면 의사는 '다시 예방접종을 받으라'고 말합니다. 이것은 어쩌면 '건강해졌으니 다시 병에 걸리세요'라고 하는 것과 같습니다.

냉정하게 생각해봅시다. 건강을 희생시켜서까지 병을 예방할 필요가 있을까요? 병을 예방하기 위한 최선의 방법은 건강한 상태로 있는 것임에 틀림없습니다. 이처럼 본말이 전도된 방법으로 병을 예방하는 것은 난센스이고 이치에 맞지 않습니다. 어떻게 해서라도 예방이 하고 싶다면 동종요법으로 예방이 가능합니다. 자세한 것은 『동종요법적 예방』(유이 토라코저『ホメオパシー的予防』일본 호메오퍼시 출판)을 참조하세요.

## 동종요법에 의해 예방의학이 변한다

동종요법적 예방의 유효성은 쿠바의 국가 프로젝트의 결과로도 증명되었습니다.(Bracho G, Varela E, Fernandez R, Ordaz B, Marzoa N, Menendez J, Garcia L, Gilling E, Leyva R, Rufin R, de la Torre R, SolisRL, Batista N, Borrero R, Campa C.

Large-scale application of highlydiluted bacteria for Leptospirosis epidemic control. Homeopathy, 2010; 99 ·· 156-166) 이 논문에는 렙토스피라증(leptospirosis)의 예방에 동종요법 치료가 큰 영향을 주었다는 것이 적혀 있습니다. 동종요법이 쿠바에 처음 도입된 것은 1842년인데 1992년에 재도입되었습니다. 1990년대에 쿠바 보건부는 종래의 서양의학에 허브의학, 중의학, 동종요법, 바이오 에너지의학 등의 자연요법과 대체의학을 통합시킨 후 특히 동종요법의 발전에 힘을 쏟고 있습니다.

쿠바는 매년 허리케인으로 홍수가 나서 물 오염이 높아지는 시기에 렙토스피라증이 유행했습니다. 그 대책으로 쿠바 보건부는 2007년까지 현대의학으로 만든 렙토스피라증 백신을 배급했는데 2007년 8월부터 3개의 주에서 전 인구 250만 명에게 동종요법 예방 노조드(렙토스피라 균을 희석 진탕하여 레메디로 만든 것)에 정신적인 고통을 완화시켜 주는 배치 플라워 레메디(Bach Flower Remedy)를 첨가한 것을 투여하기 시작했습니다.

2주간의 간격으로 한 사람에게 2회 투여(즉 500만 회 투여)하는 비용은 현대의학 예방접종이 300만 달러였던 것에 비해 단 20만 달러에 지나지 않았습니다. 백신이 사용된 당시 감염자는 매년 몇천 명 단위로 증가했는데 2007년 8

월부터 단 2주간 감염자 수는 0~10명이 되어 사망자도 나오지 않았습니다. 2008년에는 사망자 수 0명, 감염자 수도 매월 10명 이하가 되었습니다. 쿠바의 성과로 인하여 예방 의학 역사가 바뀔 것이라고 생각합니다. (일본 동종요법 의학협회 홈페이지 https://jphma.org에서 인용)

## 알레르기에 대응하는 레메디

알레르기는 자신 안에 미해결된 것이 있고 그것이 허용량을 넘은 결과로써 생겨나는 올바른 반응이라는 것을 설명했습니다. 그렇기에 알레르기 증상을 가진 사람은 꽃가루가 나쁘다, 진드기가 나쁘다, 계란이 나쁘다 등으로 책임 소재를 찾는 것이 아니라 '미해결된 문제가 있어요.'라고 하는 몸으로부터 전해오는 메시지로 받아들여 이물질을 배출하려고 하는 것이 중요합니다. 그렇게 하면 저절로 알레르기는 낫습니다. 그리고 이물질을 배출하기 위해서는 고열이나 발진이 필요합니다. 고열이나 발진이 나지 않는 것은 체내에 이물질이 있다는 것을 몸이 확실히 인식하지 못하거나 할 수 없게 된 것을 말합니다.

또한 가치관에 붙잡혀 있어서 면역력이 저하된 경우도 있습니다. 그렇기에 체내에 이물질이 있다는 것을 몸이 확실히 인식하기 위해서는 체내에 있는 병원체나 이물질 등으로부터 만들어진 동종 레메디를 먹는 것과 동시에 면역력을 높이기 위해 스스로가 사로잡혀 있는 가치관과 동종(同種)인 레메디를 먹도록 합시다. 그렇게 하면 자기치유력이 발동해서 고열이나 발진으로 이물질을 배출할 수 있게 됩니다.

삼나무 꽃가루로 만들어진 레메디나 진드기, 먼지로 만든 레메디 등 각 알레르기에 대응하는 레메디가 있습니다. 예방접종을 했다면 백신의 독을 배출하기 위해 백신으로 만든 레메디가 필요합니다. 마찬가지로 수은, 항생제, 포름알데히드, 알루미늄, 각종 병원체 등 이물질이 있는 것을 인식시켜 자기치유력을 발동하기 위해 병원 물질로 만든 동종요법 레메디가 존재합니다. 이렇게 훌륭한 디톡스 방법이 또 있을까요? 게다가 레메디는 원물질을 천문학적으로 희석시켜 만들었기 때문에 안전하고 부작용도 없고 임산부나 아기, 고령자 등 누구나 먹을 수 있습니다.


## 죄책감은 아토피성 피부염과 천식

분노가 알레르기임을 이해할 수 있다면 분노하는 것으로는 '사기를 부정하는 가치관'의 배출이 분가능하다는 것도 이해할 수 있을 것입니다. 이물질의 배출이 불가능한 만성 상태에서 그 이상의 이물질이 들어오지 않도록 하기 위한 몸의 반응이 알레르기입니다. 알레르기와 같이 분노의 경우에도 분노로써 기존보다 많은 '자신을 부정하는 가치관'의 침입을 막을 수는 있지만, '자신을 부정하는 가치관' 그 자체를 배출하는 것은 불가능합니다.

한편, 고열이나 발진을 억압하면 미열이나 습진이 된다고 했는데 습진은 피부로부터 무엇인가 이물질을 배출하려고 생기는 증상입니다. 습진도 약으로 억압하여 배출을 막으면 결국 한계에 다다라 이물질이 체내에 침입하려 할 때 점막이나 피부에 IgE항체가 배치되고 이 IgE항체와 이물질이 결합해 히스타민을 방출하여 알레르기 증상이 나타납니다.

이렇게 되면 체내에서 피부로 이물질이 배출되는 과정에 있어서도 IgE항체가 이를 이물질로 인식하여 마찬가지로 알레르기 증상이 나타납니다. 이것이 아토피 피부염입니다. 즉, 알레르기 반응은 이물질이 외부에서부터 체내로 들어올 때 생기는 경우와 체내에 있던 이물질이 밖으로 나가는 경우에 생기는데 체내에 있던 이물질이 밖으로 나가는 경우에 생기는 알레르기가 아토피성 피부염입니다. 말하자면 제4단계 만성 습진이 아토피성 피부염이 되는 것입니다. 그래도 습진이 조금씩이라도 이물질 배출에 도움이 되는 것처럼 아토피성 피부염도 이물질 배출에 도움이 됩니다.

아토피성 피부염을 약으로 억압하면 몸속의 피부라고 불리는 폐를 통해 이물질을 배출하려는 시도로 천식이 됩니다. 천식을 기관지 확장제 등으로 억압하면 이물질 배출이 불가능해져 폐가 점액으로 가득 차 질식사하게 됩니다. 그렇기에 천식으로 죽는 것이 아니라 천식을 약으로 억압하는 것으로 죽는 것입니다. 원래 천식으로 사람이 죽지는 않습니다. 마찬가지로 배출하지 못하고 허용량을 넘긴 '자신을 부정하는 가치관'이 마음속에 있는 경우, 그 가치관을 밖으로 배출하기 위해 '자신을 부정하는 가치관'이 수면 위로 올라왔을 때에 가치관에 대한 공격이 시작됩니다.

이때 생기는 증상이 죄책감, 자기비하, 후회, 수치심 등의 자신을 탓하는 감정입니다. 그렇기에 죄책감이라고 해도 필요가 있어서 생기는 것이므로 그것을 억압하면 안 됩니다. 하물며 분노를 억압한다면 '자신을 부정하는 가치관'의 침입을 무제한으로 허용하게 되고 감정은 곧바로 다음 단계 즉 깊은 슬픔과 무력감으로 하강하고 맙니다. 그렇게 되면 한층 더 '자신을 부정하는 가치관'을 배출하기가 어려워집니다.

분노가 알레르기라는 것이 이해되었다면 분노를 억압하는 것이 얼마나 위험한 것인지, 그리고 죄책감을 억압하면 한층 더 만성상태로 몰아간다는 것을 이해할 수 있습니다. 어떠한 감정이라도 다 증상이며 증상인 이상 그것을 억압하는 것은 옳지 않습니다.

## 분열된 자신을 통합하여 슬픔이라는 감정을 되찾는다

자, 이제부터는 다르게 바라보겠습니다. 하나의 존재였던 '쓸모없는 나 = 이너차일드'는 '쓸모없는 나'와 '쓸모 있는 나'로 분열하여, '쓸모 있는 나'가 '쓸모없는 타인' 혹은 '쓸모없는 나'에게 책임을 넘겨, 분노나 죄책감이라는 감정을 만듭니다. 혹은 '쓸모없는 나' 위에 '대항 가치관의 나'가 형성되어 타인을 향한 분노나 '쓸모없는 나'에 대한 연민의 감정을 만듭니다. 이러한 분노나 죄책감 등의 감정의 본질을 가리켜 책임 전가라고 합니다. 이때 '쓸모 있는 나'는 IgE항체에 해당합니다. 즉, '쓸모 있는 나(IgE 항체)'가 외부에서 들어온 '자신을 부정하는 가치관(항원)'을 공격(분노)하거나 안에 있는 '자신을 부정하는 가치관(항원)'을 공격(죄책감)하는 것입니다.

'쓸모 있는 나'도 '쓸모없는 나'와 같은 가치관을 공유합니다. '책망하는 나 = 쓸모 있는 나'와 '책망당하는 나 = 쓸모없는 나'를 하나로 통합할 수 있다면 분노나 죄책감은 다시 슬픔의 감정으로 변화하겠죠. 마찬가지로 '대항 가치관5)의 나'를 해방할 수 있다면 다시 슬픔의 감정을 되찾아올 수 있습니다. 슬픔이라는 감정을 되찾기 위해서는 타인으로부터 어떠한 가치관으로 인해 부정당했을 때 상대방을 탓하거나 자신을 탓하는 것이 아니라 순수하게 자기 자신의 문제임을 인식하여 '나는 어떠한 가치관으로 보면 쓸모없는 인간이다.'라는 것을 정면으로 받아들이는 것이 중요합니다.

혹은 '쓸모 있는 나'가 '쓸모없는 타인'에게서 자기 자신을 찾거나 '쓸모 있는 나'가 '쓸모없는 나'에게서 자신을 찾아내는 것이 열쇠가 됩니다. 그 가치관이 형성된 근본적인 사건을 생각해내어 그때의 이너차일드가 가진 슬픔(혹은 상처받았던 때의 아픔)에 공감하는 것으로 양쪽을 통합할 수 있습니다. 탓하는 것이 아니라 '타인의 슬픔' 혹은 '자신의 슬픔'에 공감하는 것입니다.

현세적 가치관을 배출하기 위해서는 면역력을 높여야만 합니다. 그러기 위해서는 분노나 죄책감의 에너지를 방출하지 않고 비축하여 현세적 가치관을 이물질로 인식하는 힘으로 변환하는 것이 중요합니다.(억압된 분노나 죄책감이 있을 경우에는 반대로 그것을 방출하는 것이 중요합니다)

---

5) 편집자 주: 악을 악으로 여기지 않는 가치관, 또는 악을 선으로 여기는 가치관을 말한다.

또한 이너차일드를 발견하는 힘으로 변환하여 이너차일드의 슬픔을 억압하지 않고 울도록 한다면 현세적 가치관을 배출할 수 있을 것입니다. 물론 동종요법 레메디는 이 과정을 강력하게 지원합니다.

## 분노가 가져오는 행동의 본질

분노의 단계에서는 타인을 통제하고 싶다(내 마음대로 하고 싶다)고 생각합니다. 그것은 분노의 원인이 타인에게 있다고 생각하기 때문입니다. 그래서 느린 사람을 재촉하는 등의 행동을 합니다. 이것은 악을 선으로 바꾸고 싶다는 생각에서 나온 행동이라고도 할 수 있는데 분노의 감정이 괴롭기 때문에 분노로부터 도망치기 위해 자신이 원하는 상황으로 바꾸려 한다고 보는 것이 맞을 것 같습니다. 이는 꽃가루 알레르기가 괴롭기 때문에 꽃가루가 생기지 않도록 삼나무를 벌채하는 것과 같습니다. 꽃가루 알레르기가 나쁘다고 책망하거나 꽃가루를 마시지 않도록 마스크를 써도 결코 꽃가루 알레르기의 근본적인 해결은 되지 않습니다. 꽃가루 알레르기를 근본적으로 해결하기 위해서는 자신 안에 있는 허용량을 넘어선 꽃가루를 이물질로써 똑바로 인식하여 몸 밖으로 배출하는 수밖에 없습니다.

마찬가지로 상황이나 타인을 자신의 가치관에 맞도록 억지로 바꿔 마음의 안정을 얻으려고 하는 것은 결코 근본적인 해결이 되지 않습니다. 분노의 진짜 원인은 자신의 마음속에 '자신을 부정하는 가치관'이 허용량을 넘어서서 존재하는 것이며, '자신을 부정하는 가치관'을 배출하지 못하는 것(가치관에 사로잡혀 있는 것)입니다. 어떤 가치관으로 봤을 때 나쁜 사람이란 자신의 이너차일드를 구현한 사람이라고도 할 수 있습니다. 자신의 이너차일드를 책망하는 사람(죄책감을 가지고 있는 사람)은 동종의 법칙에 의해 스스로의 가치관으로 바라봤을 때 나쁘다고 판단되는 사람을 자신의 현실 세계로 끌어들입니다. 그리고 다른 사람에 의해 마음이 어지럽혀집니다.

감정이 분노의 단계로 하강하지 않는다면 느린 사람을 봐도 분노가 생기지 않고 상대방 속에서 느린 자신을 보고 슬프다고 생각할 것입니다. 면역력이 강하면 자신의 문제로 받아들일 수 있지만 면역력이 약하면 자신의 문제로 받아들이지 못하고 분노가 되어 상대를 부정하게 되는 것입니다. '쓸모 있는 나'가 '쓸모없는 나'를 책망하여 죄책감이 생겨난 것처럼 '쓸모없는 타인'을 책망하는 것입니다. '자신을 탓하는 자신'과 '타인을 탓하는 자신'은 동일한 자신, 달리 말해 '쓸모 있는 나' - IgE항체입니다,

## 책임 전가 패턴과 해결 방법

'쓸모 있는 나'가 탓하는(책임 전가의) 패턴은 다음의 네 가지입니다.

①-A 자신이 악을 행한다. '쓸모 있는 나'가 '자신을 부정하는 타인'을 탓한다.

①-B 자신이 악을 행한다. '쓸모 있는 나'가 '쓸모없는 나'를 탓한다.

①-C 타인이 악을 행한다. '쓸모 있는 나'가 '쓸모없는 타인'을 탓한다.

①-D 타인이 악을 행한다. '쓸모 있는 나'가 '쓸모없는 나'를 탓한다.


● ①-A 자신이 악을 행한다.

'쓸모 있는 나'가 '자신을 부정하는 타인'을 탓한다.

타인으로부터 부정당했을 때 '쓸모 있는 나'가 '자신을 부정하는 타인'을 탓합니다. 예를 들어 '일하는 게 너무 느려!'라고 탓하는 동료에게 '시끄러워!'하고 화를 냅니다. '쓸모 있는 나'는 '나는 느리지 않다.'라고 생각하거나(자기 정당화) 역으로 화를 내는 경우가 있습니다. 역으로 화를 내는 경우 나쁜 것은 일하는 것이 느린 '쓸모없는 나'이기에 '쓸모 있는 나'가 보면 이것도 정당한 분노인 것입니다.

● ①-B 자신이 악을 행한다.

'쓸모 있는 나'가 '쓸모없는 나'를 탓한다.

예를 들어 일하는 게 느릴 때 '쓸모 있는 나'가 '일하는 게 느린 나는 쓰레기다.'라며 '쓸모없는 나'에게 화를 냅니다. 이것이 죄책감, 열등감, 후회, 자기혐오, 자기비하, 수치심 등의 감정입니다. '쓸모 있는 나'는 '쓸모없는 나'를 탓하는 것으로 자기 자신의 문제로써 받아들이는 것이 아니라 도망치는 것입니다. 자기 자신의 문제로 받아들여 슬퍼하는 것보다 '쓸모없는 나'를 탓하는 것이 편하기 때문입니다.

'쓸모 있는 나'는 ①-A의 '쓸모 있는 나'와 같은 자신입니다. 그렇기에 자기 정당화를 하여 타인을 탓하는 자신과 죄책감으로 자신을 탓하는 자신은 똑같은 자신이며, 타인을 탓하는 사람은 자신도 탓하고 자신을 탓하는 사람은 타인도 탓합니다. '쓸모 있는 나'가 '쓸모없는 나'를 탓하면 공명, 동종의 법칙에 의해 '자신을 부정하는 타인'을 끌어들이게 됩니다. 즉 '자신을 부정하는 타인'이란 '쓸모없는 나'를 탓하는 '쓸모 있는 나'를 비추고 있는 것입니다. 만약 '자신을 부정하는 타인' 안에서 자신의 모습을 발견할 수 있다면 '쓸모 있는 나'는 곧 사라집니다. 이것이 동종 요법의 비법입니다. '자신을 탓하는 타인'이란 '쓸모 있는 나' 그 자체이며 '쓸모없는 나'인 이너차일드에게 책임 전가를 한다는 것을 알아차릴 수 있다면 '쓸모 있는 나'는 '쓸모없는 나'와 통합되어 슬픔의 단계로 상승할 수 있습니다.

● ①-C 타인이 악을 행한다.
**'쓸모 있는 나'는 '쓸모없는 타인'을 탓한다.**

'일하는 게 느린 타인'은 '쓸모 있는 나'의 가치관으로 보면 악이며 자신의 가치관을 부정하는 존재입니다. 즉, '쓸모 있는 나'(IgE항체)가 존재하는 경우 '쓸모없는 타인'도 항원으로 간주되어 알레르기 반응 즉, 분노가 생깁니다.

'쓸모 있는 나'는 ①-A나 ①-B와 같은 자신이기에 타인에게 엄격한 사람은 자신에게도 엄격하고 자신에게 엄격한 사람은 타인에게도 엄격한 경향이 있습니다. 즉 죄책감이 강한 사람은 '쓸모없는 타인'을 향한 분노도 강한 것입니다. 만약 자신에겐 엄격하지만 타인에게는 상냥한 사람이 있다면 거기에는 분노의 억압이 있다고 생각할 수 있습니다. 분노의 대상인 '쓸모없는 타인'이란 실은 '쓸모없는 나'를 나타냅니다. '쓸모 있는 나'가 '쓸모없는 타인' 안에서 '쓸모없는 나'를 발견해 낸다면 이는 자신이 원래 '쓸모없는 나'였다는 것을 인식하게 되는 것입니다. 이렇게 분열된 자기가 다시금 '쓸모없는 나'에게 통합되어 슬픔의 단계로 상승할 수 있습니다. '쓸모없는 타인' 안에서 '쓸모없는 나 = 이너차일드'를 보는 것은 큰 깨달음을 가져오기에 이너차일드 치유에 있어서도 아주 중요합니다. 또한 스스로의 일은 제쳐놓고 얼마나 타인을 탓하고 있었는지도 인식할 수 있겠죠. '쓸모없는 타인' 안에서 '쓸모없는 나'를 발견할 수 있게 되었을 때 과거에 자신도 그 가치관으로 타인으로부터 책망당한 적은 없는지 생각해 봅니다. 많은 사람들은 부모로부터 똑같이 책망당한 것을 떠올릴지도 모릅니다. 그리고 부모처럼은 되고 싶지 않다며 부모의 가치관에 저항하면서도 부모의 가치관을 가지고 있어서 한편으로는 타인을 탓하면서 한편에서는 책망을 당하는 모순을 일으키기도 하는데 본인은 자각하지 못합니다. 자각하기 위해서라도 '쓸모없는 타인'이 '쓸모없는 나'라는 것을 알아차리는 것이 중요합니다.


● ①-D 타인이 악을 행한다.
**'쓸모 있는 나'가 '쓸모없는 나'를 탓한다.**
일하는 게 느린 부하에게 '내가 쓸모없어서 부하가 일이 느리다'라고 생각하여 '쓸모 있는 나'가 '쓸모없는 나'를 탓하는 경우가 있습니다. 자기 아이가 나쁜 짓을 했다며 자신을 탓하는 부모가 자주 있습니다. 이런 사람은 책임감이나 가해자 의식이 너무 강합니다. '쓸모없는 나'를 탓하는 '쓸모 있는 나'는 ①-A, ①-B, ①-C와 같이 '쓸모 있는 나'입니다. 이처럼 가해자 의식이 강한 사람은 피해자 의식도 강해서 작은 일로도 책망당했다고 느껴 죄책감을 가지거나 공격적으로 변하는 경향이 있습니다. 중요한 것은 자신을 탓하는 것이 아닌, 타인이 한 일에 공감하여 슬픔을 느끼는 것입니다. 그리고 같은 슬픔을 자신도 가지고 있다는 것을 이해하는 것입니다.

## 책임 전가의 '동정' 패턴

'쓸모 있는 나'가 '쓸모없는 나'나 '쓸모없는 타인'을 연민하는 패턴이 있습니다. 이것은 탓하는 것이 아니기에 분노와는 다르지만 연민은 우위에 서서 느끼는 감정으로, 내려다본다고도 할 수 있습니다. 공감하는 슬픔과는 다른 것입니다.

②-A 자신이 악을 행한다. '쓸모 있는 나'가 '자신을 탓하는 타인'에게 연민한다. 동정

②-B 자신이 악을 행한다. '쓸모 있는 나'가 '쓸모없는 나'를 연민한다. 자기연민

②-C 타인이 악을 행한다. '쓸모 있는 나'가 '쓸모없는 타인'을 연민한다. 동정

②-D 타인이 악을 행한다. '쓸모 있는 나'가 '쓸모없는 나'를 연민한다. 자기연민

이 네 가지 패턴도 결국은 '쓸모 있는 나'를 형성하여 '쓸모없는 나'의 슬픔으로부터 도망가고 있는 것뿐입니다. 책임을 '쓸모없는 나'나 '쓸모없는 타인'에게 떠넘겨 책임회피를 하려는 것뿐입니다. 타인이나 자신을 불쌍히 여길 때 그것은 자신이나 타인을 부정하는 것이고 엄밀히 말하면 탓하고 있다고 말할 수 있습니다. 어떤 의미에서는 모욕하고 있다고도 할 수 있습니다. 이와 같은 연민의 감정이 생기면 슬픔으로부터 도망치고 있는 게 아닌지 자신을 돌아보며 슬픔의 '쓸모없는 나 = 이너차일드'를 찾아 치유하는 것이 중요합니다.

## 대항 가치관에 의한 책임 전가 패턴 1

'쓸모없는 나'의 가치관과 다른 가치관인 대항 가치관을 형성하는 경우가 있습니다. 이 경우 어떻게 되는지를 이하의 네 가지 패턴으로 보겠습니다.

③-A 자신이 악을 행한다. '대항 가치관의 나'가 타인을 탓한다. 자기 정당화

③-B 자신이 악을 행한다. '대항 가치관의 나'가 '쓸모없는 나'를 위로한다. 자기 정당화

③-C 타인이 악을 행한다. '대항 가치관의 나'가 '쓸모없는

타인'을 위로한다. 타인 정당화

③-D 타인이 악을 행한다. '대항 가치관의 나'가 '쓸모없는 나'를 위로한다. 자기 정당화


● **③-A 자신이 악을 행한다.**

**'대항 가치관의 나'가 타인을 탓한다. 자기 정당화**

'쓸모없는 나'가 안고 있는 가치관과 다른 대항 가치관으로 '자신을 부정하는 타인'을 탓합니다. 예를 들어 '일하는 게 느리면 쓸모가 없어.'의 대항 가치관은 '일이 느려도 된다.' 혹은 '일은 느긋하게 해야 한다.'입니다. 부모의 가치관으로 뛰어난 사람이 되려고 노력했지만 결국 인정받지 못하면 포기하고 부모의 가치관과 다른 대항 가치관을 가지게 되어 부모를 탓하게 됩니다.


● **③-B 자신이 악을 행한다.**

**'대항 가치관의 나'가 '쓸모없는 나'를 위로한다. 자기 정당화**

'대항 가치관의 나'가 '쓸모없는 나'를 위로하려고 합니다. 이것은 자기 정당화, 자기기만이라고 할 수 있습니다. 부모의 가치관으로 뛰어난 사람이 되려고 노력했지만 결국 인정받지 못하면 포기하고 부모의 가치관과 다른 대항 가치관을 가지고 자신을 위로하게 됩니다. '일이 느려도 된다.'라고 해도 그것이 가치관인 이상 역시 사로잡혀 있는 상태인 것입니다. 대항 가치관을 가지

는 것으로 슬픔이 완화될지는 몰라도 그것은 슬픔을 억압하는 것에 지나지 않고 문제의 해결을 늦추는 것입니다.

● ③-C 타인이 악을 행한다.
'대항 가치관의 나'가 '쓸모없는 타인'을 위로한다. 타인 정당화
'쓸모없는 나'가 분열되어 있지 않다면 '쓸모없는 타인'을 보았을 때 공감하여 슬픔이 생길 것입니다. 만약 '대항 가치관의 나'가 존재한다면 '쓸모없는 타인'을 위로하려고 하겠죠. 예를 들어 '일하는 게 느려도 괜찮아.'라고 하는 대항 가치관을 가지고 있는 경우 일이 느린 부하를 보았을 때 "좀 느려도 괜찮아."라며 위로하는 것입니다.

● ③-D 타인이 악을 행한다.
'대항 가치관의 나'가 '쓸모없는 나'를 위로한다. 자기 정당화
'쓸모없는 나'가 분열되어 있지 않다면 '쓸모없는 타인'을 보았을 때 공감하여 슬픔이 생길 것입니다. '대항 가치관의 나'가 있는 경우 그 슬픔을 회피하기 위해 대항 가치관으로 자신을 위로하려고 합니다.

## 대항 가치관에 의한 책임 전가 패턴 2

'쓸모없는 나'가 '쓸모 있는 나'와 '쓸모없는 나'로 분열했는데 거기에 '대항 가치관의 나'가 형성된 경우도 있습니다. 그 경우도 네 가지 패턴이 있습니다.

● ④-A 자신이 악을 행한다.
**'대항 가치관의 나'가 타인을 탓한다. 자기 정당화**
①-A의 '쓸모 있는 나' 위에 다른 가치관, 즉 대항 가치관을 추가하여 '자신을 부정하는 가치관'에 저항합니다. 저항력이 두 배가 되기에 분노도 커지겠죠.

● ④-B 자신이 악을 행한다.
**'쓸모 있는 나'의 '쓸모없는 나'를 향한 분노(죄책감)를 '대항 가치관의 나'로 위로한다. 자기 정당화, 자기기만**
'일하는 게 느린 나는 쓸모가 없다.'라고 하는 죄책감이나 자기 비하감이 생겨나지만 그것을 '일이 느려도 괜찮아.'라고 하는 대항 가치관으로 위로하려고 하는 것입니다. 이것은 자기 정당화, 자기기만이며 죄책감이나 쓸모없는 자신으로부터 도망치고 있는 것뿐입니다. '열심히 일하지 않아도 괜찮아.'라고 하지만 그것이 가치관인 이상 역시 사로잡힌 상태인 것입니다. 즉, 대항 가치관은 슬픔이나 죄책감을 중화시켜 주지만 그것은 슬픔이나 죄책감을 억압하는 것일 뿐이고 문제 해결을 늦출 뿐입니다. 다른 가치관으로 자신을 위로해도 근본적인 해결은 되지 않습니다. 이러한 경우 우선은 대항 가치관에서 벗어나 죄책감을 가지는 것이 중요합니다.


● ④-C 타인이 악을 행한다.

'쓸모 있는 나'가 '쓸모없는 타인'을 향한 분노를 회피하기 위해 '대항 가치관의 나'로 위로한다. 또한 '대항 가치관의 나'가 '쓸모없는 타인'을 위로한다. 타인 정당화

'쓸모 있는 나'가 '쓸모없는 타인'에 대해 가지게 되는 분노의 감정을 회피하기 위해 대항 가치관을 형성하는 경우가 있습니다. 대항 가치관을 가지는 것으로 타인이 행한 악이 선으로 변합니다. 타인을 정당화하는 것입니다. 그리고 '괜찮아, 일이 좀 늦어져도.'라고 말하며 위로하려고 합니다. 하지만 실제로는 그 대항 가치관을 가지는 것으로 죄책감을 가진 자신을 위로하고 있는 것입니다. 대항 가치관으로 위로받은 쪽은 만약 슬픔의 단계라면 그 위로가 유효하게 작동했겠지요. 하지만 상대방이 이미 죄책감을 가지고 있는 경우에는 역시 죄책감을 중화시킬 뿐이고 근본적인 해결은 되지 않습니다. '열심히 일하지 않아도 괜찮아.'라는 말 자체는 가치관의 해방에 있어서는 옳은 것이지만 그것이 분노로부터 도망치기 위한 가치관으로써 이용된다면 감성을 억입하

는 것이 됩니다. 중요한 것은 분노를 충분히 느껴 그 안에서 스스로 가치관에 대해 의문을 가지고 가치관 자체를 해방시키는 것입니다. 평소 제가 '쓸모없어도 괜찮아'라고 말하기에 혼란을 느끼는 분도 있겠지만, 이것은 슬픔으로부터 도망가기 위해서라든지, 죄책감이나 분노로부터 편안해지기 위해 말하고 있는 것이 아니라는 것을 여러분의 이너차일드에게 건네고 있는 말입니다. 그러니 듣는 분도 이너차일드가 받아들인다는 생각으로 들어주셨으면 좋겠습니다. 이것을 잘못 읽어 자신을 위로하기 위한 가치관으로써 이용해 버리면 문제의 근본 해결을 늦추게 됩니다. '괜찮아.'라는 말은 이너차일드를 찾고 발견해 낸 그 아이에게 건네는 말이라고 생각해주세요. 혹은 지금 때마침 이너차일드가 형성되려고 할 때, 즉 슬픔을 느끼고 있을 때 건네는 말이라고 생각하세요. 만약 '괜찮아! 못해도.' 등의 말로 눈물을 흘리는 사람이 있다면 그것은 이너차일드가 그 말에 반응을 하고 있다는 것입니다. 저는 그러한 말을 사용할 때 그 사람의 이너차일드에게 말을 건네는 것을 의식하여 이야기하고 있습니다.


● ④-D 타인이 악을 행한다.
'쓸모 있는 나'가 '쓸모없는 나'를 탓하는 것을 회피하기 위해 '대항 가치관의 나'로 위로한다. 자기 정당화
'쓸모 있는 나'가 '쓸모없는 타인'을 보고 '쓸모없는 나'를 탓하

지만 책망당해 괴로운 감정을 회피하기 위해 '대항 가치관의 나'로 위로합니다. 예를 들어 부모가 아이의 머리가 나쁜 것은 자기 탓이라고 스스로를 탓할 때 '머리가 나빠도 괜찮아.'라고 하는 대항 가치관이나 '이건 아이의 문제이고 내 문제가 아니다.'라고 하는 대항 가치관으로 자신을 위로하여 죄책감으로부터 도망치려고 합니다. 이것은 죄책감으로부터 도피하는 것뿐이고 억압일 뿐입니다. 이러한 경우 우선은 대항 가치관에서 벗어나 죄책감을 가지는 것이 중요합니다.


## 이중 부정 패턴

예를 들어 '일을 열심히 하는 자신'을 위선자로 여겨 타인으로부터 책망받으면 그 가치관에 감염되어 '일을 열심히 하는 나는 쓸모 없어.'라는 이너차일드가 형성됩니다. 이 슬픔으로부터 도망치기 위해 분노나 죄책감으로 이행하는 경우를 보겠습니다.


● ⑤-A 자신이 선을 행한다.

'대항 가치관의 나'가 '쓸모 있는 나'에 대항한다.

일을 열심히 하는 것을 다른 사람이 위선자라며 책망했을 때 '일을 열심히 하는 나는 쓸모없다.'라고 하는 자신이 분열되어

'쓸모 있는 나'를 만들어 저항합니다. 분노.


● ⑤-B 자신이 선을 행한다.

**'대항 가치관의 나'가 선을 행하는 자신을 탓한다. 자기혐오.**

대항 가치관의 자아가 형성되면 '선을 행하는 자신'을 탓하게 됩니다. 예를 들어 '일을 열심히 하는 자신'을 자기 기만하는 것이라며 탓합니다. '일을 열심히 하지 않는 자신은 쓸모없다.'라고 생각하는 이너차일드가 해결되지 않은 채로 있기 때문에 '열심히 해야만 한다고 생각하는 자신', '열심히 할 수밖에 없다고 생각하는 자신' 사이에서 갈등이 생기게 됩니다. 예를 들어 시험에서 백 점을 받고 다른 사람으로부터 '공부벌레!', '점수충!'이라는 말로 괴롭힘을 당해서 '백 점을 받으면 안 된다.', '머리가 좋으면 안 된다.'라고 하는 반대의 가치관을 가지게 됩니다. 농담처럼 들리겠지만 이런 경우는 자주 있습니다. 그래서 머리가 나쁜 척을 하거나 일부러 시험 답을 틀려 낮은 점수를 받으려고 합니다. 이 경우 대항 가치관으로 형성된 이너차일드를 치유하는 것부터 시작해야 합니다. '사실은 시험에서 백 점을 받고 싶었지. 사실은 백 점을 받고 모두에게 칭찬받고 싶었지. 백 점을 받고 괴롭힘당해 괴로웠지. 백 점을 받아도 괜찮아.'라고 스스로에게 말해줍니다.

그리고 '왜 백 점을 받으려고 했어?'라고 '백 점을 받는 것은 선이다.'라고 하는 가치관에 대해 물어봅니다. 그러면 '시험에서 백점을 받으면 엄마가 아주 기뻐하니까, 엄마를 기쁘게 해주기 위해서 항상 노력했어.'라고 대답하겠죠. 그러면 그것을 받아들여주고 왜 엄마를 기쁘게 해주고 싶었는지 물어봅니다.

제 환자 중 반에서 늘 우수한 성적을 받았는데 어느 날 같은 반 친구들이 '공부벌레'라고 부르며 괴롭힘을 당하게 된 사람이 있었습니다. 울면서 집에 돌아가 어머니에게 그 이야기를 했더니 어머니는 "그 애들은 너를 질투하는 거야. 너는 우수하니까."라고 격려해줬다고 합니다. 그 후로는 동급생들이 괴롭혀도 '어차피 너희들은 바보니까!'라고 생각해 신경도 쓰지 않게 되었다고 합니다. 하지만 마음은 왠지 허무했다고 합니다. 이 사람은 반에서 고립되어 외톨이가 된 것이 슬펐던 것입니다. 성적이 우수하지 않아도 괜찮으니까 친구를 원했습니다. 하지만 그 이너차일드를 내버려 둔 채 대항 가치관으로 자신을 지키려고 노력했기 때문에 마음은 허무함으로 가득 찼던 것입니다.


● ⑤-C 타인이 선을 행한다.

'대항 가치관의 나'가 타인을 위선자라고 하며 책망한다.

대항 가치관의 자아가 형성되면 '일을 열심히 하는 타인'을 위선자라고 하며 책망합니다. 또한 타인이 자신 이외의 사람에게 선을 행할 때에는 질투합니다. 예를 들어 상내빙을 배려하고 본심을 말하지 않는 것이 선이라고 한다면 대항 가치관은 '본심을 말해야만 한다.'가 됩니다. 남편이 자신에게는 "이야기가 길다!"라거나 "제대로 정리해!" 등 본심을 서슴없이 말하는데 다른 사람에게는 말하지 못합니다. 그러면 본심은 '다른 사람에게도 말해야 한다.'라고 하는 대항 가치관을 남편에게 강요하고 싶어집니다. 위선자라고 하며 남편을 책망하고 싶어집니다. 그것은 본심을 서슴없이 말하지 않고 자신에게도 배려심을 가지고 대하기를 바라는 마음을 대항 가치관으로 억압하기 때문에 생기는 질투입니다. 이런 경우 우선 대항 가치관으로 형성된 이너차일드를 치유할 필요가 있습니다.

● ⑤-D 타인이 선을 행한다.
**'대항 가치관의 나'가 자신을 탓한다. 가해자 의식.**
대항 가치관의 자아가 형성되면 '열심히 일하는 것'은 악이 되는데 타인이 그 악을 행하는 것은 자신이 나쁘기 때문이라고 자신을 탓하게 됩니다.

## 긍정적 사고의 폐해

대항 가치관의 대표로 긍정적인 사고가 있습니다. 예를 들어 위선자라고 책망받으면 대항 가치관이 형성되기도 합니다. 대항 가치관이란 '열심히 일을 해야 한다.'라고 하는 가치관에 대해 '일을 떠넘기는 사람은 나쁘다.'라거나 '일은 열심히 하지 않아도 된다.', '일은 적당히 해야 한다.'라는 반대 가치관을 말합니다. '열심히 일하지 않아도 괜찮다.'라고 하는 가치관은 올바른 것이지만 그것이 어디까지나 가치관이며 그 가치관에 사로잡혀 있는 한 그것을 부정하는 사람에 대해 분노가 생깁니다.

저는 이전부터 긍정적인 사고의 폐해에 대해 지적해왔습니다. 긍정적인 가치관이라고 해도 가치관인 이상 그것은 자유를 박탈하는 것이며 분노 등 감정의 원인이 되기 때문입니다. 더구나 그것이 두려움과 분노를 느끼지 않도록 하기 위한 가치관이라면 이는 단지 근본적인 해결을 지연시킬 뿐이라고 말하고 싶습니다. 어떤 가치관으로 부정당해 울고 있는 이너차일드가 있는 한, 두려움이나 분노 등의 감정을 다른 가치관으로 위로한다고 하더라도 그것은 증상을 덮고 있는 것과 같아서 아무런 해결도 되지 않습니다.

중요한 것은 어떤 가치관으로 인해 가치가 없다고 여겨져 슬퍼하는 이너차일드를 찾아내서 구해주는 것입니다. 그렇게 하지 않고 억지로 긍정적인 사고로 슬픔을 덮어버리거나 두려움이나 분노를 다른 가치관으로 달래서는 아무것도 해결이 되지 않습니다. 오히려 이너차일드를 치유하기 전에 새로운 쓸모없는 자신, 새로운 가치관, 긍정적 사고를 제거하는 것부터 시작해야만 합니다. 화를 내고 있는데 '고마워. 고마워.'라고 한다면 점점 분열되는 수밖에 없겠죠. 대항 가치관이 있는 경우 우선 대항 가치관을 제거할 필요가 있습니다. 억압하고 있는 뚜껑을 제거할 필요가 있다는 것을 기억해두세요.

'쓸모 있는 나'가 '쓸모없는 나'를 받아들이는 것으로 다시 한번 자아가 하나가 될 수 있습니다. 그 자아란 '쓸모없는 나'입니다. 그리고 다시 슬픔의 레벨로 돌아갈 수 있습니다. 마찬가지로 '쓸모 있는 나'가 '쓸모없는 타인'을 받아들이는 것으로 다시 자아가 하나가 됩니다. '쓸모없는 타인'을 받아들이는 것은 '쓸모없는 나'를 받아들이는 것과 같기 때문입니다. 그렇기에 '쓸모없는 나'를 받아들이는 것이 가능하다면 '쓸모없는 타인'도 받아들일 수 있습니다. 하지만 주의해야 할 것은 '쓸모없는 나'나 '쓸모없는 타인'을 받아들일 때 새로운 가치관으로 받아들이면 안 된다는 것입니다. 새로운 가치관으로 받아들이는 것은 대증요법이며 증상의 억압과 마찬가지로 사태를 복잡하게 할 뿐이기 때문입니다.

예를 들어 '마지막 남은 만두는 먹으면 안 된다.'라고 하는 가치관을 가진 사람이 '마지막 남은 만두를 먹는 쓸모없는 타인'에 대해 생기는 분노의 감정이나 '마지막 만두를 먹는 자신'에 대해 생기는 죄책감을 '마지막 만두는 먹는 것이다.'라거나 '마지막 만두는 먹어도 괜찮은 것이다.' 등의 다른 가치관을 가져와 '쓸모없는 타인'이나 '쓸모없는 나'를 받아들이려고 하는 것도 안 된다는 것입니다.

가치관으로 받아들이는 것이 아니라, 그냥 받아들이는 것입니다. 쓸모없는 나, 못 하는 나를 그냥 받아들이는 것입니다. 쓸모없는 타인을 그냥 받아들이는 것입니다. 그러기 위해서는 자신의 본심을 떠올릴 필요가 있습니다. 진짜 자신은 천천히 하고 싶었던 것입니다. 진짜 자신은 못 해도 괜찮다는 말을 듣고 싶었던 것입니다. 진짜 자신은 남편이 상냥하게 대해주기를 바랐던 것입니다. 진짜 자신은 못 해도 쓸모없어도 사랑받길 바랐던 것입니다. 무조건으로 받아들여 주기를 바랐던 것입니다. 그것을 알게 된다면 '쓸모있는 나'가 용기를 가지고 무조건적으로 '쓸모없는 나', '쓸모없는 타인'을 받아들일 수 있게 됩니다. 거기에 새로운 가치관은 필요 없습니다. 자신이 무조건적으로 받아들이기를 바랐다는 것을 알아차릴 수 있다면 좋은 것입니다. 이것이 진짜 치유입니다.

## 쓸모없는 나를 받아들인다

일을 열심히 하지 않아 타인으로부터 부정당했다고 해도 자신이 분열되어 있지 않다면 감정은 슬픔에 멈춰 분노나 죄책감은 생기지 않습니다. 문제의 책임을 자신 이외의 것에서 찾지 않기 때문입니다. 슬픔에 머무르면서 마음껏 울고, 눈물로 가치관을 배출합니다. 그렇게 한다면 기분이 개운해져 이대로의 자신이 좋고 쓸모없어도 괜찮다고 생각하게 될 것입니다.

한편 자신이 분열되어 있다면 타인으로부터 "일을 열심히 하지 않는 너는 쓰레기다."라고 욕을 먹었을 때, '쓸모 있는 나'가 타인을 책망하거나 자신을 책망합니다. 거기에서 벗어나기 위해서는 우선 타인으로부터 책망당했을 때 '맞아, 나는 최악의 쓰레기야.'라며 쓸모없는 자신을 자각하는 것이 필요합니다. 자신이나 상대방을 탓하고 싶은 기분을 꾹 참고 자신의 문제로 다루는 것이 중요합니다. 자신이나 상대를 탓하고 싶은 기분을 꾹 참는 것으로 그 분노의 에너지를 슬퍼하고 있는 '쓸모없는 자신 = 이너차일드'를 발견하는 힘으로 대체할 수 있습니다. 그리고 이것이 자신의 문제임을 인식할 수 있게 되었을 때 '쓸모 있는 나'와 '쓸모없는 나'가 다시 융합되어 양쪽을 '쓸모없는 나'로 통합할 수 있습니다. 둘을 통합할 수 있다면 다시 슬픔을 느낄 수 있을 것입니다.

분열된 자기를 통합하기 위해서는 '쓸모 있는 나'가 '쓸모 없는 나'를 받아들이는 것이 필요합니다. 그리고 '쓸모 있는 나'가 '쓸모없는 나'를 받아들이기 위한 열쇠가 되는 것은 자신을 탓하는 타인이 '쓸모 있는 나'라는 것을 간파하는 것, 혹은 자신이 탓하는 '쓸모없는 타인'이 '쓸모없는 나'라 는 것을 간파하는 것에 있습니다. 그 사실을 간파하면 자신이 얼마나 스스로를 괴롭혀왔는지를 이해할 수 있게 되기 때문입니다. 그리고 또 하나의 열쇠는 근본이 되는 슬퍼하고 있는 이너차일드를 발견해 그 슬픔을 느끼는 것입니다.

한편 타인이 일을 열심히 하지 않고 있는 것을 보았을 때 자신이 분열되어 있지 않다면 분노가 아닌 공감에 의한 슬픔이 생겨납니다. 그리고 타인에게 사랑이 있는 말을 건 넬 수 있을 것입니다. 예를 들어 열심히 일하지 않는 사람을 보고 "맞아. 어떻게 해도 열심히 일할 수 없을 때가 있지."라고 공감할 수 있습니다. 그리고 '일은 열심히 해야만 한다.'라고 하는 가치관에 기초해 "열심히 하고 싶어도 할 수 없다는 거 알아. 그래도 역시 조금 무리해서라도 열심히 해야지. 다들 힘내고 있으니까." 등 사랑이 있는 말을 건네 줄 수 있습니다. 자신이 분열되어 있지 않으면 분노나 죄책 감으로 사람을 대하는 게 아니라 사랑을 가지고 도덕적으로 설명하는 것이 가능합니다. 다만 주의할 점은, 사랑이 있는 말도 원래의 가치관이 틀렸기 때문에 쓸모없는 참견밖에 되지 않는다는 것입니다. 공감하는 것까지는 좋지만 그 후의 충고는 옳지 않습니다.

## 슬픈 이너차일드 찾기

분노나 죄책감을 가지고 있는 것, 그 이물질을 배출하여 마음을 정화할 필요가 있다는 것에 대해 충분히 인식하셨나요? 진심으로 알레르기, 아토피성 피부염, 천식은 고마운 것이라고 믿는다면 자기치유력을 높여 이물질을 배출하려는 결심을 할 수 있을 것입니다. 마찬가지로 분노나 죄책감에 대해 고맙다고 생각할 때 '자신을 부정하는 가치관'을 배출하려는 결심을 할 수 있을 것입니다.

그러기 위해서는 자신을 분열시켜 분노와 죄책감을 가질 정도로 '자신을 부정하는 가치관'을 받아들인 것을 이해하고 분열된 자신을 하나로 통합하여 슬픈 이너차일드를 찾아내야 합니다. 참고로 레메디를 먹으면 한동안 억압된 분노, 죄책감, 자기비하, 후회, 수치심 등의 감정이 아토피성 피부염, 천식 등의 증상으로 배출되는 경우가 있습니다.

## 아이 학대로 고민하는 어머니의 사례

아이를 학대하는 것으로 고민하는 B씨와의 상담 내용을 소개하겠습니다.

**B:** 이 아이는 항상 뭔가 계속해서 말을 하기 때문에 제가 짜증이 날 때엔 큰 소리로 고함을 지르거나 때리기도 합니다. 한밤중에 "밖에 놀러 나가고 싶다."라고 말했을 때 처음엔 상냥하게 타이르려고 했는데 계속 보채며 울어서 확 화가 나서… "그러면 혼자 가."라고 아이의 손을 잡아 현관에서 밖으로 밀어내려고 했는데 흥분해서 힘 조절이 안 된 상태라 아이가 휙 떨어져 버렸습니다. 얼굴부터 땅에 넘어졌는데 입에서 피가 흐르고 "엄마, 엄마!" 하면서 울어서… 그 뒤로 두근거림과 호흡 곤란이 생기게 되었습니다.(두근거림, 호흡 곤란은 아이를 때린 것으로 인한 죄책감으로부터 생겼습니다.) 괴로울 땐 병원에서 받은 약을 먹어 안 좋았던 기억을 잊으려고 했습니다.

**유이:** 좀처럼 좋은 방향으로는 가지 않는군요.

**B:** 네. 어째서일까요? 다른 사람도 용서할 수 없고 스스로도 용서할 수 없습니다. 용서하려고 해도 도저히 못 할 것 같습니다. 오히려 화가 나버립니다.

**유이:** 그건 어린 시절 무너진 가정에서 자라, 당신 안에 많은 이너차일드가 화를 내고 있기 때문입니다. 그러니까 그 이너차일드

를 하나하나 구해줘야 하는 건데요…

B: 이너차일드를 구한다고 하는 의미를 모르겠어요. 그 말이 이해가 안 됩니다.

**유이:** 예를 들면, 어린 시절 아버지에게 맞아서 울거나 화내거나 하는 아이가 자신 안에 있을지도 모르잖아요. 그 당시의 일을 떠올리는 것이 가능하다면 좋을 텐데. 그런데, 자살하고 싶다는 생각은 하지 않나요?

B: 어린 시절엔 자주 생각했어요. 갑자기 나 따위는 어떻게 되어버려도 상관없다고 생각하면서 마구 달려가 강에 뛰어든 적도 있습니다. '죽어 주겠어.'라는 감정이 북받쳐 올라온 적도 있습니다. 그럴 때는 '악' 하고 소리를 지르면서 아이 목을 졸라 버려요. 100% 힘을 주는 건 아니지만… 스스로가 무서워지기도 합니다.

**아이:** 엄마(라고 부르며 B에게 가까이 왔다)

**유이:** 엄마랑 같이 왔네. 그래도 너는 엄마 옆에 오는구나. 엄마가 좋구나.

**아이:** 응.


아이를 학대하는 사실이 알려지면 아동상담소가 아이를 부모로부터 떼어 놓는 경우도 있지만, 아이의 입장에서 보면 맞아도 괴로워도 엄마와 함께 있고 싶습니다. 피로 이어진 엄마가 너무 좋은 것입니다. 그렇기에 반드시 엄마의 이너차일드를 치유해야만 한다고 생각했습니다. B씨는 어린 시절 아버지로부터 학대를 당했습니다. 그렇기에 아이가 말을 듣지 않으면 발끈해서 폭력을 휘두르는 것입니다. 부모가 말하는 것을 듣지 않는 아이는 결국 자신의 이너차일드입니다. 부모가 하는 말을 듣지 않고 학대당해 슬퍼하는 이너차일드가 엄마인 자신 안에 있는 것입니다.

이 아이는 부모가 하는 말을 듣지 않으면 안 된다고 생각한 것입니다. 이 이너차일드는 자신의 생각을 받아들여주길 바라고 있을 뿐입니다. 때리지 않고 자신을 대해주길 바랄 뿐입니다. 아주 조금일 뿐인 어리광을 용서해주길 바랐을 뿐입니다. 부모님과 즐겁게 지내고 싶을 뿐입니다. 그것을 이해하고 울고 있는 이너차일드를 발견해 말을 걸어주었으면 좋겠다고 생각했습니다. B씨는 학대당한 횟수도 많고 공포가 아주 컸기 때문에 신장 상태가 좋지 않을 것이라고 생각해 신장 서포트 레메디와 불안이나 공포의 Bor.(보락스, 붕사)라는 레메디를 주었습니다.

파괴적인 가정에서 태어난 것은 매독 마이아즘[6]의 경향

---

6) 편집자 주: 매독마이아즘(梅毒 Syphilis)은 파괴와 변질(변성)이 테마이고, 신체적인 증상은 구조적인 파괴와 변질(변성)이 특징이다. 세포의 파괴, 번길이 된 궤양을 형성하고 세포 잔해물이 변질되면서 농을 만들어 구조적으로 괴사가 된다. 정신적인 증상은 사고나 자살 경향이

을 가지고 있기 때문입니다. 그렇기에 B씨에게는 죽이고 싶다는 감정이 올라오기도 합니다. 죽이고 싶다는 감정에는 전갈 독으로 만든 Scorp.(스콜피온, 전갈)이라는 레메디가 가장 좋기에 그것을 지시했습니다.

전갈에 찔려 죽는 사람도 있지만, 문제는 인간들이 무조건 전갈을 잡아 죽이는 데 있습니다. 그래서 전갈은 인간을 원망하고 그 생각이 전갈 독 안에 그대로 들어 있습니다. B씨는 이 레메디를 먹는 동안에 이너차일드 세미나에 참여했고, 에메랄드라고 하는 보석 레메디도 먹었습니다. 그 후 B씨의 상담이 어떻게 되었는지 보겠습니다.

**B:** 에메랄드 레메디와 베일리 플라워 에센스(Bailey Flower Essences)의 한가지인 '세포의 기억'을 먹으니 조금 좋은 일이 있었습니다. 오늘도 왼쪽 눈이 조금 아픈데 옛날에 술에 취해 집에 돌아온 아버지가 자고 있던 저에게 "감기 걸린다."라며 참견을 했습니다. 아마 아버지는 귀여워서 한 말일 텐데 저는 "시끄러워!"라고 말했던 것 같습니다. 갑자기 아버지가 제 머리카락을 잡고 발뒤꿈치로 저의 눈을 힘껏 찼던 기억이 떠올랐습니다. 그 기억이 떠올랐던 것은 아이가 잠결에 제 왼쪽 눈을 때린 것

---

강하다. 또한 성적 갈망과 성적인 도덕성이 결여된다. 혈액, 순환기계, 신경계에 문제가 발생한다.(참고문헌: 『Miasmatic Prescribing』 Dr. Subrata Kumar Banerjea)

이 계기였습니다. 눈의 아픔으로 어린 시절의 감정이 올라왔습니다. 엄청나게 센 힘으로 잡혀 엉망진창으로 빠져버린 머리카락을 한 가닥씩 휴지에 올려놓았던 기억이 떠올랐고 '그때 참 괴로웠구나.'라는 생각을 하게 되었습니다. 처음 유이 선생님이 말했던 것을 알게 되었습니다. 처음으로 '이너차일드를 치유하는 것이 이런 것이구나.'라는 것을 알게 되었습니다. "괴로웠지?", "미칠 것 같았지?", "그래도 아무도 도와주지 않았네.", "옛날에 차가운 시선으로 멀리서 바라봤었지?"라는 말로 이너차일드를 치유했더니 소리 내어 울게 되었습니다. 전철이나 버스에 타고 있을 때도 갑자기 불안해져서 '안 돼! 안 돼!'하는 상태가 되지만 '괜찮아, 괜찮아.'라고 말을 걸어주게 되었고 최근 한 달 동안은 약도 먹지 않았습니다.

**유이:** 지금까지 먹고 있던 것은 항불안제인가요?

**B:** 네. 항불안제예요.

**유이:** 아주 좋아졌으니 다행입니다. 에메랄드 레메디의 테마는 뭐냐면 무조건적인 사랑입니다. 사람에 대해 나쁘다고만 말하며 책망하는 것은 누구나 할 수 있지만, 그 사람에게 "너는 괜찮아. 살아가도 괜찮아."라고 무조건적인 사랑으로 품어주는 것은 처음으로 문제의 본질을 깨닫게 해줍니다. 그것과 마찬가지로 자신에 대해 "너는 나빠!"라며 탓하면 낫지 않는다는 것은 알고 있겠죠.

**B:** 네. 방법이 없었어요.

**유이:** 방법이 없었던 거죠.

**B:** "방법이 없었어. 용서해줘. 미안해. 엄마도 사랑받지 못했어."라고 인정을 할 수 있게 되었고 아이에게 말할 수 있게 되었습니다. "사랑받지 못했었네."라거나 "옛날엔 바보 취급당했네."라고 자신에게 말하고 있는 사이에 '아! 정말 나는 필요 없는 아이였구나.'라고 생각했어요. 언니에게도 오빠에게도 정말로 그렇게 여겨졌다는 것이 실감이 나서 '아! 그랬던 것이구나.'라고 납득이 되었어요.

**유이:** 누구도 자신을 사랑해 주지 않았다는 것을 알게 된다면 괴로운 일입니다. 하지만 알아차리지 못하면 나을 수도 없어요. 진심으로 납득하려면 스스로 깨닫는 수밖에 없습니다. 깨달을 수 있어서 정말 다행이에요.

**B:** 다행이에요.

**유이:** 실은 B씨가 잘못되는 것은 아닐까 생각하기도 했어요. 두 번 다시 상담오지 않는 것은 아닐까 하고요. 다행이에요. 와줘서 고마워요.

**B:** 감사합니다.

**유이:** 다행이에요. 애썼어요. 고마워요.


잠결에 몸을 뒤척인 아이의 손이 자신의 눈에 닿은 것으로 인해 어린 시절 부모에게 눈이 밟히고 머리채가 잡혔던 기억과 감정이 아직 거기에 머물러 있다는 것을 깨달았습니다. 아픈 감각이 '어라? 잠깐. 똑같은 아픔이 옛날에도 있었는데.'라며 주마등처럼 어린 시절의 기억을 떠올리게 한 것입니다. '그때 괴로웠지, 그때 무서웠지.'라는 것을 떠올릴 수 있었습니다. 훌륭합니다. 이때 눈의 통증은 몇십 년이나 치유되지 못한 것이었습니다. 충격을 받은 나머지 통증이나 두려움을 느끼지 않게 되어 버린 것입니다. 그러나 미해결된 문제는 그것이 해결되기 전까지는 없어지지 않습니다.

폭력을 당했을 때, 예를 들어 내출혈을 일으켜 부어올랐다면 괜찮습니다. 그것은 육체가 인식했다는 것이니까요. 그런데 부모가 무섭다, 폭력이 무섭다, 필사적으로 도망가자고 하는 경우에는 내출혈이 일어나지 않기도 합니다. 이렇게 되면 레메디를 먹기 전까진 치유하지 못합니다. 이 경우에 가장 좋은 레메디는 Arn.(아르니카, 국화과)라는 타박상 레메디입니다. 이 레메디를 먹으면 잠재의식에 떨어져 있던 감정이 올라옵니다.

B씨는 "아이를 때리는 너는 나쁜 사람이다."라고 이런저런 곳에서 말을 들었다고 합니다. 하지만 아무리 나쁘다는 말을 들어도 아이를 때리고 싶은 충동을 멈출 수가 없어서 괴로워했기에 그 점을 탓하면 그는 설 자리가 없습니다. 주위에서는 B씨가 올바른 길을 가실 원했기에 아이를 그민

때리라고 말했지만 그 안에 이너차일드가 있는 이상 멈출 수가 없었습니다. 그도 맞으면서 자랐기 때문입니다. 이너차일드는 아이이기 때문에 방법을 모릅니다. 그의 이너차일드는 "그때는 힘들었지?"라고 말해 주길 바랐을 것입니다. 그래서 제가 "그때는 힘들었지?"라고 말해 주며 안아주는 것입니다. 이 작업을 해주었으면 합니다. 자신에게 다정한 말을 걸어주세요.

## '자신을 소중히 한다'라는 과제

큰 트라우마나 학대 경험이 있는 사람은 에메랄드 레메디를 먹어보세요. 무조건적인 사랑을 주는 에메랄드는 괴로움을 가지고 있는 사람에게 아주 적합하기에 감정이 온화해집니다. 다만 레메디를 먹으면 대부분의 사람은 처음에는 호전반응을 일으킵니다. 억압된 분노나 슬픔이 나와 죽고 싶다는 기분이 들기도 합니다. 그런 상태일 때 저는 '생명의 전화가 있어요.'라고 말합니다. 개의치 말고 일본 동종요법 센터 본부(삿포로, 도쿄, 나고야, 후쿠오카, 영국)에 전화나 메일을 해주세요. 전화나 메일로 "괴롭다, 죽고 싶다, 힘들다, 너무 큰 아픔을 느끼고 있다."라고 하소연하면 그때마다 레메디 홈키트에서 최적의 레메디를 지시해줄 수 있기 때문입니다. 그렇게 해서 마음이나 몸의 호전반응에 맞는 레메디를 먹는 것도 중요합니다.

해외에서는 마음과 몸을 치유하는 동종요법 레메디가 들어간 홈키트가 일본 전통 약상자처럼 가정의 상비품으로 갖추어져 마음이 괴로울 때, 상처를 입었을 때 각각에 맞게 사용하고 있습니다. 일본에도 많은 레메디 홈키트가 있고 사용법을 CHhom에서 알려드리고 있으니 동종요법을 배워 마음과 몸의 건강관리를 하세요.

저는 영국에서 궤양성 대장염에 걸려 그것을 계기로 동종요법 전문가가 되었는데 어떤 레메디로 인해 '인간이란 얼마나 괴롭고 슬픈 생명체인가.'라고 하는 근원적인 슬픔을 느낀 적이 있습니다. 너무 침울해져서 살아갈 힘조차 잃어버린 것 같았습니다. 절망을 느끼면서도 실낱같은 희망을 걸고 동종요법 전문가에게 전화를 걸었습니다. 동종요법 전문가는 "그 단계에 갔군요. 많은 사람들이 무시하고 보지 않으려고 하는 절망적인 슬픔이죠. 아주 좋은 현상입니다. 그 슬픔을 가만히 느껴보세요. 그리고 Phos-ac.(포스포릭 애시드, 인산)이라는 절망의 레메디를 드세요."라고 말했습니다. 우울증에 걸린 듯한 괴로운 마음을 Phos-ac.를 먹으며 뛰어넘었습니다. Phos-ac.는 자신을 탓하며 절망에 다다랐을 때 가장 좋은 레메디입니나. 어너니로부디 '필요 없는 아이'라는 말을 들었던 저는 많은 슬픔을 삼키고 화를 내고 거칠어졌지만 그 아래에는 사랑받지 못했다는 깊은 슬픔을 오랜 시간 동안 가지고 있었던 것입니다.

자신을 소중히 한다는 것은 타인을 사랑하게 되는 것보다 더 중요한 것입니다. 왜냐하면 사람은 이번 생에서 스스로를 소중히 하는 것을 배우는 과제가 주어졌기 때문입니다. 그 과제를 완수하기 위해 자신을 소홀히 여기고 싶게 만드는 일에만 직면하게 됩니다. 인생은 동종요법과 마찬가지로 동종의 사건을 주고 깨닫게 하려고 하기 때문입니다. 고통스럽기 때문에 사람은 자신의 마음을 바라보고 자신의 마음을 바꾸려고 하는 것입니다. 저도 괴로움이 있어서 스스로를 개선하려고 했고 결국 동종요법 전문가에 다다른 것입니다. 상담회에서 많은 분들을 만나다 보면 모든 사람에게 '자신을 소중히 한다.'라는 테마가 주어져 있음을 깨닫게 됩니다. 부모가 자기 자신을 소중히 여기지 않았기에 아이인 자신도 부모처럼 스스로를 소중히 여기지 않는 사람이 되는 것입니다.

## 제6장

## 제6단계    깊은 슬픔

【가치관】 굴복(부정당한 것을 수용)

【감정】 깊은 슬픔, 억울함, 굴욕감, 무력감, 허무감, 패배, 좌절,
　　　　굴복, 정복당함, 원통함

【증상】 선열(발열, 전신성 림프절 종창, 림프구 증가, 편도염,
　　　　인두염, 홍역성 발진, 풍진성 발진)

# 제6단계　깊은 슬픔

## 독혈증 개선의 길을 막는 '억압'

이물질과 독소가 허용량을 초과하여 체내에 침입했을 때, 몸은 더 이상의 침입을 막기 위해 알레르기 증상으로 싸우려고 합니다. 이때 알레르기 증상을 항알레르기제, 항염증제, 항히스타민제 등의 약으로 계속해서 억압하면 몸은 알레르기 증상으로 이물질이나 독소의 침입을 막으려는 것을 포기하게 됩니다. 그렇게 되면 이물질과 독소는 허용량을 초과해도 체내에 계속해서 침입합니다. 이런 식으로 독혈증에 걸립니다. 마찬가지로 아토피성 피부염이나 천식 등의 배출 증상을 약으로 억압한 경우에도 배출구가 없어져 독혈증이 됩니다.

독혈증에 걸렸을 때 우리 몸은 EB(엡스타인 바) 바이러스 등 병원체의 도움을 받아 선열이라는 증상을 일으키고 이물질과 독소를 정화하려는 시도를 합니다. 선열은 B세포(B임파구)가 EB(엡스타인 바) 바이러스 등에 감염되어 발생합니다. 구체적인 증상으로는 발열, 전신성 림프절 종창, 림프구 증가, 편도염, 인두염, 홍역성 발진, 풍진성 발진 등입니다. 이러한 증상은 '독혈증에 걸리고 있어요.'라고 하는 알림이며 이물질과 독소로 가득 찬 혈액을 정화하려고 생기는 것입니다. 그러므로 이런 증상이 안 좋다고 해서 약으로 억압한다면 독혈증을 개선할 소중한 기회를 잃게 됩니다. 그러면 다음 단계인 만성 독혈증(만성 피로 증후군)이 되고, 그다음 단계인 관절 류머티즘 등의 자가 면역 질환으로 진행됩니다. 또 이런 증상들을 계속 억압하여 암이 되는 사람도 많습니다.

이를 이해하게 되면 선열은 고마운 것이고 림프절 종창, 편두염, 인두염은 고마운 것이라고 생각하게 되며, 이러한 증상들을 신뢰하고 지지함으로써 독혈증을 개선할 수 있을 것입니다. 이러한 증상들을 지지하는 방법으로 동종요법 치료를 반드시 해야 합니다. 동종요법은 기본적으로 증상을 증폭시키는 방향으로 작용합니다. 증상이라는 것은 이물질과 독소를 배출하려고 생기는 것이므로 증상을 지지하는 것이 증상 개선으로 이어지기 때문입니다. 다만 기관이나 조직의 변질에 의한 기능 부전으로 생긴 증상은 제외합니다. 예를 들어 내분비선의 기능 부전에 의한 호르몬 이상 등을 말합니다. 물론 이런 경우에도 동종요법은 많은 도움이 됩니다. 동종요법 레메디로 서포트하는 것이 매우 중요한 이유는 제6단계까지 오면 면역력이 상당히 저하되어 있기 때문입니다.

덧붙여 B세포(B임파구)는 알레르기를 일으키는 IgE항체를 대량으로 분비하는 항체 생산 세포입니다. B세포가 EB(엡스타인 바) 바이러스에 감염되어 사멸된다는 것은 IgE항체가 만들어지지 않는 것으로 알레르기 증상이 나타나지 않게 되는 것입니다. 그러니까 EB 바이러스에 감염된 후 증상을 억압하거나 쉬지 않고 무리를 하면 만성 피로 증후군이 될 수도 있습니다. 한편 몸의 면역이 현저히 저하되면 이물질의 침입을 막을 수 없어 알레르기가 생기고 다음에는 알레르기를 일으킬 힘조차 없어지게 됩니다. 이때 자연스럽게 IgE항체가 생산되지 않아 이물질이 점점 침입해 독혈증에 이르게 되고 역시나 만성 피로 증후군이 됩니다. 따라서 저는 이러한 증상일 때 EB 바이러스에 감염되면 자연 치유력이 높아지고 독혈승이 성화뇌어 다시 IgE항체를 샌

성해 알레르기 증상을 발생시킬 수 있다고 생각합니다. 즉, EB 바이러스 감염은 자연이 행하는 동종요법이라고 말할 수 있습니다. 마찬가지로 화내기를 포기한 사람에게 다시 한번 화낼 힘을 되찾아 줄 수 있도록 화가 나는 일이 생기는 것도 하늘의 계획이라고 생각합니다. 그러한 운명을 저주하고 부정하면 상황이 더 나빠지는 마이너스의 악순환에 빠질 위험이 있습니다.

선열을 앓으면 체력이 현저히 소모되고 그 후 만성 피로 증후군이 될 위험도 있습니다. 자연이나 운명이 행하는 동종요법은 엄격하고 반대로 악화될 위험도 있습니다. 그렇기 때문에 앞에서 설명한 바와 같이 동종요법이 필요하다고 생각합니다. 만약 증상을 적으로 간주해 억압하거나 증상이 생겼을 때 충분한 휴식을 취하지 않고 무리한다면 역시 좋은 결과가 나오진 않을 것입니다. 선열은 분노의 억압이나 싸움에서 패배해 생기는 깊은 슬픔, 억울함, 굴욕감, 무력감, 허무함과 깊은 관련이 있습니다.

## 깊은 슬픔의 출현

'자신을 부정하는 가치관'이 허용량을 넘어서 침입한 경우, 그 이상의 침입을 방지하기 위해 분노로 싸우려고 하지만 그 싸움에 패배할 경우 분하다는 감정이 생깁니다. 분하다는 감정은 싸움에서 승리하려고 하는 의지를 강화시킬 것입니다. 하지만 몇 번이고 싸워도 진다면 싸워도 소용없다고 생각하고 나아가 싸우는 것을 포기합니다. 그렇게 되면 깊은 슬픔이 됩니다. 싸울 여지도 없이 우격다짐으로 억지로 복종하거나 굴복할 때에도 이와 같이 된다고 생각합니다. 만약 이때 '쓸모 있는 나'와 '대항 가치관의 나'가 '자신을 부정하는 가치관'을 전적으로 받아들였다면 '쓸모 있는 나'와 '대항 가치관의 나'는 사라져 제4단계의 슬픔으로 상승하는 것이 가능할 것입니다.

눈물은 제4단계의 슬픔으로 생기지만 제6단계의 깊은 슬픔에서도 생깁니다. 분해서 흘리는 눈물도 그렇습니다. 울 정도로 분하다는 감정을 가지고 그 분함을 충분히 느낄 수 있다면 이는 제6단계로부터 제4단계로 이행했다는 것으로 이때 충분히 울 수 있다면 '자신을 쓸모없다고 생각하는 가치관'을 배출할 수 있을지도 모릅니다. 하지만 '쓸모 있는 나'와 '대항 가치관의 나'가 자신을 쓸모없다고 생각하지 않는데, 싸워도 질 뿐이니 싸우는 것을 포기해버린 경우 '자신을 부정하는 가치관'을 본의 아니게 받아들이게 됩니다. 이렇게 해서 깊은 슬픔, 굴욕감, 무력감, 허무감 등의 감정이 생깁니다.

부모가 심하게 지배적이라면 아이는 분노를 표현할 수 없습니다. 반항하는 것이 애초에 허락되지 않는 것입니다. 이와 같은 경우 제4단계의 두려움에서 한 번에 깊은 슬픔, 굴욕감, 무력감, 허무감의 제6단계로 하강합니다. 권력, 폭력, 공포 등으로 지배당한 경우에도 같습니다. '화를 내는 것은 악'이라는 가치관으로 분노를 억압한 경우도 마찬가지로 간단하게 제6단계로 하강합니다. 이런 경우 우선 분노의 감정을 표현하는 것이 중요합니다. 또한 억압해온 감정을 해방시킬 필요가 있습니다.

## 분노나 죄책감을 억압한 가치관에서 벗어나다

억압해온 감정을 해방시키는 것과 동시에 분노나 죄책감을 억압한 가치관에서 벗어날 필요가 있습니다. 어째서 분노나 죄책감을 억압해 버린 것인지 자신에게 물어봅니다. 그러면 '화를 내는 것은 이성을 잃은 사람이 하는 행동이다'라던지 '죄책감을 가지고 있는 것은 좋지 않은 것이다' 등의 가치관이 있음을 알게 됩니다. 그렇다면 언제 그 가치관을 가지게 되었는지를 찾습니다. 분노나 죄책감을 가져 부모나 타인으로부터 책망당하거나 부정당해 슬프다고 생각했던 경험이 있을 것이므로 그 부분을 떠올려 봅니다.

그리고 그때의 슬픔을 충분히 느끼고 그때 자신은 사실 어떻게 해주기를 바랐는지 혹은 어떻게 하고 싶었는지를 자신의 이너차일드에게 물어봅니다. 그러면 "사실은 마음껏 화를 내고 싶었다."라거나 "마음껏 죄책감에 젖고 싶었다."라고 말하겠죠. 그러면 "마음껏 화를 내도 괜찮았던 거야. 죄책감을 가져도 괜찮았던 거야. 그걸 안 된다고 하며 자신을 부정해서 미안해."라고 말해줍니다. 가능하다면 그때의 분노나 죄책감을 내보내는 것도 좋습니다. 화를 계속 내고, 베개를 때리거나 하여 억압된 감정을 해방해 주세요. 혹은 실컷 자신을 책망하세요.

끝났다면 다음은 질문을 합니다. "그래도, 어째서 그렇게 화를 내고 싶었어?", "어째서 그렇게 죄책감을 가지고 싶었어?"라고 질문합니다. 그러면 "어차피 A가 나는 느림보라서 싫다고 하니까."라던지 "A가 나 때문에 팀이 졌다고 했으니까."라고 합니다. 그러면 "사실 어떻게 해줬으면 했어?" 혹은 "너는 어떻게 하고 싶었어?"라고 물어봅니다. 그러면 "A에게 좋아한다는 말을 듣고 싶었어."라던지 "A에게 팀은 졌지만 애썼다는 말을 듣고 싶었어."라고 말하겠죠. 그러면 그것을 그대로 자신에게 말해줍니다. "A에게 좋아한다는 말을 듣고 싶었구나. 그런데 느림보는 싫다는 말을 들어서 슬펐지. A에게 받아들여지지 못했구나. 느림보는 쓴

모가 없다고 생각해 버렸구나. 느려도 괜찮아. 그땐 천천히 할 수밖에 없었던 거니까 괜찮아. 그리고 나는 네가 느림보여도 사랑해."라고 말하고 받아들여 줍니다. 이렇게 하여 '화를 내면 안 된다.', '죄책감을 가지면 안 된다.'라고 하는 가치관에서 벗어납니다. 그러면 분노나 죄책감을 억압하지 않고 표현할 수 있습니다. 분노의 감정을 표현할 수 있다면 다음은 화가 났을 때나 자신을 책망하고 싶어질 때 충분히 분노나 죄책감을 느낄 수 있습니다.

## 감감작요법이란

감감작요법이라는 것이 있습니다. 그것은 알레르기의 원인이 되는 물질, 예를 들어 삼나무 꽃가루 등을 매일 주사로 직접 체내에 주입해 면역관용[7]을 일으켜 알레르기에 걸리지 않도록 하는 방법입니다. 이것은 매일 직접 체내에 이물질이 들어오기 때문에 입으로 들어오는 이물질에 대해 알레르기로 대항하는 것을 포기해 버리는 것입니다. 이렇게

---

7) 편집자 주: 면역관용(immune tolerance)은 면역세포나 항체가 숙주 즉 자신을 공격하는 것을 막는 여러 단계의 보호 기작을 말한다. 한동안 면역관용은 자기(self) 항원에 반응성을 갖는 세포를 제거하여 자신에 대한 무반응상태가 됨으로써 이루어진다고 생각되었으나, 최근 연구결과 면역세포가 자기항원에 대한 반응을 능동적이고 선택적으로 억제한다는 것을 뒷받침하고 있다.(출처: 네이버 지식백과, 분자·세포생물학백과)

면역관용을 일으켜 알레르기 반응을 일으키는 힘을 빼앗는 것입니다. 생체의 면역 저하로 인해 증상을 일으킬 힘이 없어지는 구조를 악용한 치료법이며 앞에서 설명한 예방접종과 마찬가지로 건강을 희생하여 얻은, 본말이 전도된 치료법이라 할 수 있습니다.

TV에서 주사가 아닌 입으로 먹는 감감작요법을 보았는데요. 그 모습은 이러했습니다. 계란 알레르기가 있는 아이에게 조금씩 계란을 먹이고 아이가 먹으면 부모, 의사, 간호사가 칭찬하거나 장난감을 주면서 어떻게든 먹이려고 했습니다. 처음에는 알레르기 반응이 많이 나타나 "못 먹어. 먹으면 너무 괴로워."라며 울었지만 모두의 설득에 의해 최종적으로는 매일 먹을 수 있게 되어 면역관용이 일어나 계란을 먹어도 반응하지 않게 되었습니다. 여기에서 가장 중요한 것은 자연스러운 계란을 먹는 것입니다. 어떤 사료를 먹는지 알아보고 약에 절여진 닭이 아닌, 방목한 자연환경에서 자란 닭이 낳은 계란으로 먹는 것입니다. 그런 것들이 알레르기와 관련이 있을 수도 있기 때문입니다. 그리고 독감 예방접종을 맞지 않는 것입니다. 독감 백신은 계란에서 바이러스를 배양하기 때문에 어떻게 해도 계란의 단백질이 백신에 혼입되고 그 백신을 주사함으로써 계란 알레르기가 생기기 때문입니다.

## 아버지에게 굴복당한 사례

어떤 환자분은 상당한 노력파로 나약한 말을 뱉지 않았습니다. 어렸을 때 아버지가 엄하게 키웠고 체벌도 있었습니다. 이분은 자상한 남편과 결혼했는데 남편의 우유부단함에 질렸을 무렵 암에 걸렸습니다. 이분은 고등학생 때 폭력과 전쟁에 대한 글을 써서 신문에 실은 적이 있는데 그걸본 아버지가 "아무것도 모르면서 잘난 척하지 마!"라고 호통을 치며 신문을 찢었습니다. 그 사건을 계기로 집을 나왔고 그 이후로는 아버지와는 소식이 끊겼습니다. 그러나 이미 아버지에 대한 대항 가치관이 형성되어 선악을 확실히가르는 인격체가 자리 잡고 있던 것입니다. 조그마한 실수에도 금방 흥분해서 책망하는 사람이 되었습니다.

동종요법 건강 상담회와 센터 사무국에서도 그녀를 부서지기 쉬운 물건 다루듯 조심스럽게 대하여 화를 내지 않도록 했습니다. 이분에게는 Nit-ac.(니트릭 애시드, 질산)와 Arm-c.(암모늄 카보나이트, 탄산암모늄)라는 증오의 레메디를 먹도록 했습니다. 그랬더니 동종요법 센터 사람들이자신에게 정말 잘 대해줬다며 눈물을 글썽였습니다. "그동안 너무 심한 말만 해서 미안해요."라고 말할 수 있게 되었습니다. 아버지의 싫은 점을 글로 써보고 그 싫은 점을 내가 갖고 있지는 않은지, 그 가치관은 언제 만들어졌는지, 사실은 어떻게 하고 싶었는지 생각해보자고 했습니다. 그랬더니 "조금 더 어리광을 부리고 싶었다. 아버지와 함께 손을 잡고 놀러 가고 싶었다."라며 울음을 터뜨렸습니다.

제 **7** 장

## 제7단계　원망

**【가치관】** 마지못해 가치관을 받아들임(부정당하지 않도록 무리
　　　　해서 노력하다)

**【감정】** 원망, 미움, 불평불만, 억울한 눈물을 흘리다, 마지못해,
　　　　어쩔 수 없이, 떨떠름하게, 하는 수 없이 받아들이고
　　　　운다, 복종

**【증상】** 만성 피로 증후군(미열, 만성 림프절 종창, 만성 편도염,
　　　　만성 인두염, 만성 습진)

# 제7단계    원망

## 원망은 사람을 힘 나게 한다

'쓸모 있는 나'와 '대항 가치관의 나'가 자신을 쓸모없다고 생각하지 않는데 싸워도 지기 때문에 싸우는 걸 포기해 버린 경우, 혹은 분노를 도덕이나 약으로 억압해 버린 경우 '자신을 부정하는 가치관'을 본의 아니게 받아들이게 됩니다. 그래서 깊은 슬픔, 굴욕감, 무력감, 허무감 등의 감정이 생긴다고 했습니다. 이때 이 깊은 슬픔을 억압해 버리면 '자신을 부정하는 가치관'을 배출할 수가 없어 허용량을 넘은 '자신을 부정하는 가치관'이 마음속에 계속해서 존재하게 됩니다. 게다가 '자신을 부정하는 가치관'이 마음속에 들어오지 않도록 분노로 저항하는 힘도, 마음속에 침입한 '자신을 부정하는 가치관'을 배출할 힘도 없습니다. 이 단계에서는 '자신을 부정하는 가치관'이 마음속에 들어오지 않도록 다시금 가치 있는 인간이 되려고 노력하는 수밖에 없습니다.

제4단계의 만성 공포에서도 노력했지만 이때의 노력은 분열되지 않은 '쓸모없는 나'가 '쓸모 있는 나'가 되려는 노력이었습니다. 한편 제7단계에서 노력하는 것은 '쓸모 있는 나' 혹은 '대항 가치관의 나'입니다. 즉, '쓸모 있는 나'가 본의 아니게(괴로운 마음으로) 노력하고 있기 때문에 원망이나 증오 등의 감정이 됩니다. 그래도 이 감정은 '자신을 부정하는 가치관'이 더 이상 들어오지 못하도록 노력하게 한다는 점에서 고마운 것입니다.

만성 피로 증후군의 증상인 미열, 만성 림프절 종창, 만성 편도염이나 인두염, 만성 습진이 나쁘다며 약으로 억압한다면 이물질로 인해 체내가 손상되고 있다는 알림을 받는 것이 불가능해지는 것처럼, 원망과 미움의 감정이 나쁘다며 억압하거나 향정신성 약물을 먹어도 문제는 해결되지 않습니다. 원망과 미움의 감정이 생겼을 때에는 그 감정을 느끼지 않도록 마음을 달래거나, 또는 부정하거나 억압하지 않고 그 감정에서 도망치는 대신 충분히 느끼면서 무엇을 원망하는지, 무엇을 미워하는지 그 정체를 보려고 하십시오. 어떤 가치관을 받아들이고 싶지 않아도 그 가치관을 받아들여 노력하는 수밖에 없음에 대해 원망하고 미워하고 있다는 것을 알 수 있습니다. 그리고 그 안에 깊이 슬퍼하는 자신, 무력함을 느끼는 자신이 있고, 더욱이 그 안에 분노나 죄책감이 도사리고 있다는 것을 알 수 있습니다.

이때는 노력하는 것을 그만두고 타인으로부터 부정당한 것으로 인해 깊은 슬픔, 굴욕감, 무력감, 허무감, 즉 패배감과 억울함을 다시 한번 느끼는 것이 중요합니다. 그 안에서 '쓸모 있는 나'가 '나는 쓸모없지 않다.'라고 주장한다면 분노는 상승할 수 있고, '쓸모 있는 나'가 진심으로 '나는 쓸모없다.'라고 납득한다면 '쓸모 있는 나'는 사라져 '쓸모없는 나'로 돌아갈 수 있습니다. 즉 제3단계의 슬픔으로 상승하는 것이 가능합니다. 원망이나 미움 안에는 분노가 있고 더욱더 안쪽에는 슬픔이 있습니다. 즉 제6단계 깊은 슬픔의 감정으로 돌아가는 것이 중요합니다.

제가 젊었던 시절, 세상은 고도성장기였습니다. 저는 옛날부터 미술이나 디자인을 잘해서 그 분야에서 취직하기 위해 필사적으로 노력해서 좋은 작품을 많이 만들어 모으고 있었습니다. 그 작품을 가지고 디자인 사무소를 돌며 취직을 하기 위해 너러 활동을 했지만 어디에도 채용되지 않앉습니다. 아버지가 인맥을 가지고 있던 도쿄 출신 동급생은 저보다 못한 작품을 가지고 있었음에도 채용되었습니다. 그들에겐 처음부터 레일이 깔려 있었던 것입니다. 저는 직접 레일을 까는 것부터 시작해야 했습니다. 그 사실을 알게 되었을 때 '세상에 태어날 때부터 출발점이 다르다니, 얼마나 불합리한가.'라고 생각했습니다. 어떻게 해도 취직을 하지 못하고 점점 더 허무감에 휩싸여 인생이 싫어졌습니다. 그 후 필사적으로 노력해서 겨우 취직을 했지만 사회에 대한 불신감, 원망, 미움, 질투는 저의 원동력이 되어 있었습니다.

이런 노력으로는 몸이 망가지는 것이 당연합니다. 일본에서 영국으로 건너가 그곳에서도 계속 노력했지만 결국 궤양성 대장염에 걸렸고 동종요법의 도움을 통해서 겨우 살아났습니다. 하지만 자신을 탓하는 경향과 부조리한 사회를 원망하는 감정을 고치는 데에는 5년, 아니 10년이 넘게 걸렸습니다. 지금까지도 이 감정은 어떠한 계기가 마련되면 불쑥 나타나기도 합니다. 산더미같이 쌓인 이너차일드를 죽을 때까지 가능한 한 치유하려고 합니다. 그리고 남은 것은 다음 생에서 마저 해결하려고 합니다.

## 어머니에게 지배당해 딸을 지배한 사례

어머니에게 지배당해 딸을 지배한 C씨의 사례를 소개하겠습니다. C씨는 '이너차일드 테라피스트 양성 코스' 수강생입니다. C씨는 태어나자마자 어머니의 병(폐결핵)을 이유로 조부모에게 맡겨져 3살에 다시 부모님께 돌아갔습니다. C씨의 어머니는 C씨의 모든 것이 마음에 들지 않았는지 철저하게 C씨의 존재를 부정하고, 학대라고 할 수 있을 만큼 엄격한 가정교육을 했습니다. 어머니의 가치관으로 보았을 때 좋은 아이로 행동하지 않으면 아무도 보지 않는 곳으로 데려가 사과할 때까지 꼬집거나, 향을 피부에 억지로 눌러 끄거나, C씨를 때리기 위해 주판이나 자를 항상 옆에 두는 등의 음습한 행동들을 하였습니다.

그중에서도 가장 무서웠던 것은 C씨가 5살 때의 일이었습니다. 감기에 걸려 열이 있는데 약을 절대로 먹지 않으려고 하는 것에 화가 난 어머니는 한밤중에 C씨를 밖으로 데리고 나가 철로 위에 내버려 둔 것입니다. 너무나 무서워서 울면서 집으로 달려가 들여보내 줄 때까지 현관문을 계속 두드렸습니다. 또 어머니는 "학교에서는 성적이 좋은 인간이 훌륭한 인간이다."라고 늘 말했습니다. 그런 어머니에 대해 C씨는 처음에는 울고(슬픔), 결국 난폭하게 반항했습니다. 예를 들어 공부를 잘해서 선생님이나 수변 어른들에게도 칭찬받는 사람이 되려고 했습니다. 그것은 어머니가 올바르다고 생각한 것을 전면적으로 받아들인 것이 아니라 어머니가 부모라는 절대적 지위로 자신의 모든 것을 지배하려고 하는 것이 분해서 언젠가 어머니를 뛰어넘어 버리겠다고 생각했기 때문입니다.(원망) 요약하자면 C씨는 '어머니가 생각하는 좋은 아이'를 연기한 것입니다. 아마도 어머니에게 저항하는 것을 포기하고 어머니의 가치관을 자신의 가치관 삼아 살아가는 수밖에 없었을 것입니다. 여기에는 원망이 있습니다. 그래서 C씨는 어머니가 말한 대로 하면서도 어떻게 하면 어머니를 가장 슬프게 할 수 있을지를 자주 생각하며 자살을 상상한 것입니다.

이런 어머니 아래에서 자란 C씨가 두 딸의 어머니가 되었을 때 결코 어머니와 같은 인간이 되지 않겠다고 결심했습니다. 그리고 딸에게는 '공부해라!'거나 '성적을 잘 받아라.' 등의 말은 결코 하지 않았습니다. 또한 화내지 않도록 늘 자신을 자제시켰습니다. 그래서 자신은 어머니와는 다른 좋은 엄마라고 생각했습니다. 그런데 50살 때 두 딸이 반항하는 사건이 있었고 어머니로서의 자존심이 갈기갈기 찢겨졌습니다. 고민하던 중 C씨는 자신의 잘못을 깨닫게 되었습니다. 딸들은 어머니가 마음속으로는 화를 냈지만 표면적으로는 결코 화를 내지 않고 입을 닫고 있는 것이 정말 무서웠다고 합니다. 그리고 어머니가 자신들에게 진심을 말해주지 않아 괴로웠던 것입니다. 아이들 입장에서 보면 마음속으로 생각하는 것을 정직하게 말로 해주는 것이 안심할 수 있기 때문입니다. 아무것도 말하지 않는다면 무슨 생각을 하는지 알 수 없습니다.

부모 자식이지만 무엇을 생각하는지 알 수 없다면 아주 두렵고 괴롭습니다. 무언의 압력만큼 무서운 것은 없으니까요. 그래서 딸은 불량 그룹과 친해져 자주 어머니를 걱정시키게 되었습니다. 이것은 '어디까지 해야 엄마가 나에게 화를 낼까?' 하며 C씨를 시험하기 위한 행동이었을 것입니다. 말하자면 화내주기를 바랐던 것입니다. 진심으로 마주해주길 바란 것입니다. C씨가 어린 시절 '자신이 자살한다면 어머니가 깨닫겠지.' 하고 생각했던 것과 마찬가지로 딸도 어머니에게 자신이 괴로워하고 있다는 것을 알아차려 주길 원했기에 어머니를 걱정시킨 것입니다. "그만두지 못해!"라고 진심으로 혼내주기를 기다리고 있었던 것입니다.

특히 첫째 아이는 결혼 2개월 후쯤부터 우울증에 걸려 남편과 함께 정신과에 다녔습니다. 4개월쯤에 자살 미수, 5개월쯤에 정식으로 이혼했습니다. "내가 계속 살아도 괜찮을까?"라며 불쑥 엄마에게 말하곤 했습니다. C씨는 이해해주는 엄마가 목표였기에 아이에게 화를 내지 않으려고 애쓰는 한편, '나는 엄마로서 절대적으로 올바르다.'라고 하는 신념을 딸들에게 강요하며 지배해 왔음을 깨달았습니다.

결국 C씨는 어머니에게 지배당해 괴로웠기에 '아이를 지배하면 안 된다.'라는 가치관을 가진 것입니다. 그리고 그 가치관에 의해 아이와 진심으로 마주하는 것이 불가능해진 것입니다. 그러나 잠재의식으로는 역시 아이를 지배하고 있었습니다. 아무리 숨겨도 마음속으로 '어째서 이 아이는 이런 짓을 하는 걸까?'라고 생각하면 기분 나쁜 태도가 되어 아이에게 전해지기 때문입니다.

또한 반상회 임원을 하고 있는 C씨는 반상회장에게 갑자기 돌아가신 마을 분의 장례식에서 접수를 맡아달라는 부탁을 받았습니다. 그 부탁이 거의 명령에 가까웠기에 '그런 일까지 해야만 하는 것일까?'라는 생각에 반상회장의 제멋대로인 점이 화가 났습니다. 스스로 이 분노 안에 어떤 가치관이 있는지를 생각해 보니 '지위를 이용하여 사람을 지배하려고 하는 것은 악', '자신을 억압하더라도 좋은 사람이 되어야 한다.'라는 가치관이 있다는 것을 알아차렸습니다.

어머니라는 지위를 이용하여 딸을 통제하려고 한 것에 대한 분노가 아직 치유되지 않았기에 반상회장에게서 어머니를 보았던 것이겠죠. 자신을 억압하고 좋은 사람을 연기했기에 아이들에게도 좋은 아이가 되기를 요구했고 겉으로는 화를 내지 않아도 마음속으로 화를 내며 지배했던 것입니다. 그리고 아이들에게 '나는 이렇게 열심히 해주고 있는데'라며 은혜를 베풀고 있다고 생각하여 감사를 요구했던 것입니다. 이렇게 무의식으로 아이를 열심히 통제하고 있었던 것입니다.

이 경우에도 분노 안에 있는 슬픔의 이너차일드가 원하는 것을 들어주는 것이 중요합니다. C씨는 자신의 이너차일드를 치유해 보니 '엄마가 나의 좋은 점을 발견해주고 칭찬해줬으면 좋겠다.', '싫은 건 싫다고 확실히 거절하고 싶었다.', '무조건 화를 내서 지배하는 것이 아니라 내 기분을 존중해 주었으면 좋겠다.'라는 바람을 가지고 있었음을 알게 되었습니다. 그 희망들이 이루어지지 못했기에 슬펐습니다. 그래서 희망을 이루지 못한 것, 스스로 자신에게 쓸모없다며 책망한 것을 사과하고 이너차일드의 주장을 전면적으로 받아들였습니다. 결국 나는 '쓸모없는 아이'라며 부정하는 어머니에 대해 원망하면서 버텼고, 그 연장으로 이런 어머니여야 한다는 가치관에 얽매여 딸들에게도 화를 내지 않으려 애썼을 뿐입니다. 스스로는 애정이라고 생각하며 화를 내지 않았지만 그것은 애정이 아닌 자신의 어머니에 대한 원망에서 나온 행동이었던 것입니다.

C씨의 경우 우선은 아이에게 화내지 않는 것이 좋다고

생각한 자신에 대해 '그렇게 생각하는 것도 무리는 아니지. 늘 엄마에게 혼났으니까.'라고 다정하게 말을 걸어 받아들여 줍니다. 그다음으로 '지배하면 안 된다.', '화를 내면 안된다.'라는 가치관에서 벗어나는 것이 중요합니다. 지배하는 것과 화내는 것을 부정하고, 지배하고 화를 내는 자신까지도 부정한 적이 있을 것이므로 그 점을 발견하고 '괜찮아, 지배해도.', '괜찮아, 화가 나도.'라고 말을 걸어 줍니다. 이런 식으로 억압된 딸에 대한 분노, 어머니에 대한 분노의 감정을 표현할 필요가 있습니다. 그러면 처음으로 분노와 죄책감의 감정을 되찾을 수 있고 그 안에 있는 이너차일드를 치유할 수 있습니다. '왜 화를 내고 싶었어?', '왜 죄책감이 들었니?', '왜 자신을 받아들이지 않니?'라고 자신에게 질문하는 것이 중요합니다.

## 노력 역전의 법칙

C씨는 지금까지의 노력이 물거품이 되어버렸기 때문에 아주 많이 실망했습니다. 저도 비슷한 일을 경험했기에 C씨의 마음에 공명하여 슬퍼졌습니다. 하지만 앞서 말했듯이 제7단계의 원망과 미움에서 나오는 노력은 제4단계의 쓸모없는 자신이 순수하게 노력하는 것과는 달리 노력 역전의

법칙에 의해 헛수고가 됩니다.

이럴 때에는 앞서 말한 것처럼 노력하지 말고 다시 한번 깊이 상처받아 깊은 슬픔이나 억울함을 제대로 느끼고 눈물을 흘리는 겁니다. 많은 엄마들이 도덕성과 잘못된 가치관으로 인해 괴로워하고 있습니다.

젊은 시절 남편을 먼저 보낸 저의 어머니는 지지 않겠다는 듯이 버티며 아이 셋을 키웠습니다. 지금 생각해보면 원망으로 버텼던 것 같습니다. 그런 엄마의 아이인 저는 엄마보다 더한 노력가가 되었습니다. 아마도 어머니의 원망하는 기질을 이어받은 데다가 필요 없는 아이는 노력하지 않으면 사랑받지 못한다는 생각을 하게 되었기 때문인 것 같습니다.(제4장의 '임질 마이아즘으로부터 생겨나는 가치관이 노력을 하게 만든다' 항목 참고) 그런데도 깊은 슬픔, 허무감에서 벗어나기 위해 필사적으로 노력했습니다. 하지만 그 노력으로 동종요법은 일본에 퍼지게 되었습니다. 퍼지면 퍼질수록 저와 동종요법은 미움을 받았습니다.

바로 노력 역전의 법칙입니다. 미움과 원망으로부터의 노력은 상대가 가지고 있는 미움, 원망과 공명하기 때문에 다른 사람을 괴롭힙니다. 이대로라면 동종요법이 보다 좋은 발전으로 이어질 수 없겠다는 생각에 스스로를 바라보며 이너차일드를 치유했습니다. 개중에는 아직까지도 질투심으로 인해 저를 혐오하는 사람도 있고, 기득권 이익 단체는 자기 치유력을 높이는 동종요법이 자신들의 이익과 권리를 침해한다고 생각해 두려워서인지 동종요법을 강력하게 반대하고 있습니다. 그래도 제 마음은 아주 행복해졌습니다. 문제는 그들 자신이 이너차일드를 치유하여 편안하게 살 수 있다는 것을 모르는 것에 있습니다. 저는 한 번도 만난 적이 없는 어떤 의사에게 아주 미움을 받고 있습니다. 이분은 기가 센 어머니에게 항상 혼났던 모양입니다. 자신의 어머니와 한 번도 만난 적 없는 저를 어머니와 겹쳐 보며 아주 싫어하고 있습니다. 실제로는 제가 아닌 자기 어머니를 싫어하고 있을지도 모릅니다. 이분의 마음이 편안해지기를 진심으로 바랍니다.

## 선열 억압이 만성 피로 증후군을 가져온다

독혈증에 걸렸을 때 몸은 EB(엡스타인 바) 바이러스 등 병원체의 도움을 받아 선열이라는 증상을 발생시켜 이물질이나 독소를 정화하려고 시도한다고 했는데, 이때 해열제를 먹고 증상을 억압하거나 제대로 휴식을 취하지 않아 무리하면 만성 피로 증후군이 생깁니다. 이 단계는 싫은데도 열심히 해야 하기 때문에 노력하는 것이고 그래서 원망과 미움이 생기는데, 단적으로 말하면 '무리를 하고 있다'고 표현할 수 있습니다. 만성 피로 증후군을 앓고 있는 사람은 피곤하지만 무리하려는 경향이 있습니다. 무리할 수 있는 동안은 무리를 하지만 결국 무리할 수 없게 되는 때가 옵니다. 그러면 그다음인 제8단계로 넘어가 관절 류머티즘 등의 자가 면역 질환이 발생하게 됩니다.

제**8**장

# 제8단계　깊은 죄책감

**【가치관】** 확정(부정당하는 게 당연하다)

**【감정】** 깊은 죄책감, 깊은 자기부정감, 죄의식, 벌을 받다,

　　　　속죄, 인과응보, 자업자득, 회개, 은둔형 외톨이,

　　　　신에 대한 원한

**【증상】** 자가 면역 질환(관절 류머티즘, 전신성 에리테마토데스,

　　　　다발성 근염, 피부근염, 강피증, 쇼그렌 증후군, 혈관염 증후군,

　　　　혼합성 결합조직병, 길랭-바레 증후군, 중증 근무력증, 만성

　　　　위염, 자가 면역성 간염, 원발성 담즙성 간경변, 원발성 경화성

　　　　담관염, 자가 면역성 췌장염, 대동맥염 증후군, 굿파스쳐 증후군,

　　　　급속 진행성 사구체신염, 자가 면역성 용혈성 빈혈, 특발성 혈

　　　　소판 감소성 자반증, 하시모토병, 인슐린 의존성 당뇨병, 천포창,

　　　　원형 탈모증, 심상성 백반, 암)

# 제8단계   깊은 죄책감

## 깊은 죄책감의 정체

'자신을 부정하는 가치관'이 마음속에 들어가지 않게 하기 위해 분노로 저항할 힘도 없고, 또 마음속에 침입한 '자신을 부정하는 가치관'을 배출할 힘도 없는 상태에서는 '자신을 부정하는 가치관'이 마음속에 들어오지 않도록 다시금 가치가 있는 인간이 되려고 노력하는 수밖에 없고, 이로 인해 원망이나 미움의 감정이 생겨난다고 했습니다. 만약 그 상태에서 원망이나 미움의 감정이 억압되면 '자신을 부정하는 가치관'이 마음속에 들어오지 못하도록 지키고 있던 그 방어선이 뚫립니다.

원망이나 미움으로부터 노력을 하여도 계속 부정당하거나 더 이상 노력조차 할 수 없게 되면 '자신을 부정하는 가치관'이 마음에 침입하는 것을 막을 수 없습니다. 그러면 몸 밖으로 배출하는 방법을 이미 잃었기에 '자신을 부정하는 가치관'은 몸속에 쌓이기만 합니다. 그러면 어떻게 될까요? 자신의 마음이 '자신을 부정하는 가치관'의 축적에 의해 조금 일그러질 것입니다. 예를 들면 '나는 죄가 많은 인간이다.'라던지 '나는 벌을 받고 있다.'라던지 '나는 부정당해 마땅한 인간이다.'라고 하는 마음이 그것입니다. 이때 생기는 감정이 깊은 죄책감, 깊은 자기부정감입니다.

제5단계의 죄책감이나 자기비하감은 '쓸모 있는 나'가 '쓸모없는 나'를 탓해서 생겨나는 감정인데, 제8단계의 깊은 죄책감이나 깊은 자기부정감은 '쓸모 있는 나'에 더해 '신의 대리로서 스스로에게 벌을 주는 나'와 '죄가 많은 나'로 분열하여 '신의 대리로서 스스로에게 벌을 주는 나'가 '죄가 많은 나'에게 벌을 주면서 생기는 감정입니다. 하지만 이러한 깊은 죄책감이나 깊은 자기부정감은 마음이 일그러져 있음을 알리는 신호이며 '자신을 부정하는 가치관'이 허용량을 넘어 마음속 깊은 곳까지 침식하고 있음을 알려줍니다. 동시에 '자신을 부정하는 가치관'이나 그 가치관의 축적에 의해 변질된 '죄가 많은 인간이라는 잘못된 마음'을 공격하는 증상입니다. 그러니까 깊은 죄책감이나 깊은 자기 부정감이라 할지라도 자연스러운 자신의 생명을 지키기 위해 생기는 고마운 감정이라는 것을 이해하고 그 감정을 억압하거나 부정하면 안 됩니다.

종교적 교리나 계율에 반하는 일을 행하여 이 단계에 도달하는 경우가 있습니다. 즉, 신적인 존재에 의해 자신이 죄가 많고 벌을 받아 마땅한 사람이라고 생각하기 때문에 일어나는 경우입니다. 실제로 인간에게 벌을 주는 신 따위는 존재하지 않고 원래부터 벌을 받아 마땅한 사람도 없습니다. 어떤 종교의 가치관을 믿고 그 가치관을 통해 자신을 분열시켜 자기 안에 '스스로를 심판하는 신의 대리'로서의 자신을 만들어 내고, 다른 한편으로는 '신에게 벌을 받는 나'를 만들고 있을 뿐입니다. 진짜 신은 가치관을 가지고 있지 않습니다.

가치관을 가지고 있지 않다는 것은 어떠한 선도 악도 가지지 않은 것이기에, 그 어디에도 죄나 벌은 존재하지 않습니다. 일을 못 해도, 시험에서 0점을 받아도, 거짓말을 해도, 자다가 오줌을 싸도 신은 그것을 악이라고 판단하는 가치관을 가지고 있지 않습니다. 그러니까 만약 인간에게 벌을 주는 신이 있다면 그 신은 아주 인간적이기에 진정한 신이라고는 할 수 없겠죠. 그리고 때때로 '죄가 많은 자신'

이 '신의 대리로서 스스로에게 벌을 주는 나'에게 반기를 드는 경우가 있을지도 모릅니다.

신에게 다다르는 길은 인위적인 것에 있지 않고, 자연 그 자체로 살아감에 있습니다. 우리는 신과 연결되기 위해 종교를 가지는 것이 아니라, 자신이 위대한 일에 사용되고 있음에 대한 사명감과 경외심을 가지고 생명이 있다는 것에 감사할 수 있는 사람이 되고자 신앙심을 가집니다. 모든 것이 잘 될 것이라는 안도감은 위대한 일에 쓰이고 있다는 생각에서 나옵니다.


## 알레르기를 억압하면
## 관절 류머티즘이나 자가 면역 질환이 된다

알레르기 증상을 항알레르기제, 항염증제, 항히스타민제 등으로 계속해서 억압한다면 몸이 알레르기 증상을 일으키기를 포기하여 이물질이나 독소가 체내로 침입합니다. 알레르기 증상은 혈액 안에 이미 허용량을 넘은 이물질이나 독소가 존재하여 체외로 배출하는 것이 불가능한 상태임을 말해줍니다. 알레르기 증상을 약으로 억압하면 혈액 안의 이물질이나 독소가 계속해서 늘어나 독혈증이 되고 이를 정화하기 위해 선열 증상이 나타나는데, 선열을 약으로 억압하면 만성 피로 증후군(만성 독혈증)이 된다고 앞에서 설명했습니다.

혈액은 다양한 내부 기관이나 내부 조직에 영양이나 산소를 전달하는데 선열이 억압된 경우 독혈증이 진행되어 혈액 안의 이물질이나 독소가 어쩔 수 없이 내부 기관이나 내부 조직 안에서 폐기됩니다. 예를 들어 관절, 신장, 간, 심장의 판막 등입니다. 혈액의 독성이 관절과 심장 등에 모이는 것입니다.

그로 인해 그곳의 세포가 이물질이나 독소에 노출되거나 그것들이 세포 안으로 빨려 들어가기도 합니다. 그렇게 되면 세포가 변하고 몸은 변한 세포를 이물질로 간주하여 공격합니다. 혹은 이물질을 체외로 배출할 수 없는 경우 일단 이물질을 불활성화하기 위해 IgG항체를 만듭니다. 하지만 이물질이 과도하게 들어오면 면역계에 혼란이 생겨 미숙한 IgG항체가 만들어지기도 합니다.

그러면 IgG항체에 대한 항체(대IgG항체)가 만들어집니다. IgG항체는 역시 관설, 신상, 간, 심장 판믹 등에 모이게 되는데 그것을 이물질로 간주한 몸이 IgG항체가 부착된 조직을 공격합니다. 이와 같이 자신의 세포나 IgG항체를 이물질로 간주하여 제거하려 함으로써 염증이 생기는 것을 자가 면역 질환이라고 합니다. 자가 면역 질환은 몸의 올바른 반응입니다. 왜냐하면 세포가 조금이라도 변하면 그것은 이미 정상세포가 아닌 이상세포이기 때문입니다. 이상세포를 방치하면 암이 됩니다. 그렇기에 이상세포를 공격하는 것은 올바른 것입니다. 아래는 「예방접종에 관한 진실」에서 인용한 글입니다.

"면역 시스템이 할 수 있는 것은 아주 한정되어 있음에도 불구하고 예방접종에 의해 급격하게 대량의 이물질이 들어오면 항체 생성이 한계를 넘어 강행됩니다. 항체는 단백질로부터 생성되기 때문에 항체의 이상 생산에 의해 단백질 대사에 혼란이 생겨 무질서한 상태가 되고 돌연변이 항체가 만들어집니다. 돌연변이 항체는 그 자체가 이물질이므로 돌연변이 항체가 붙은 세포나 조직은 공격 대상이 됩니다.

이렇게 해서 소아 특발성 관절염(스틸병)이나 약년성 당뇨병, 갑상선 기능 저하, 다발성 경화증, 낭포성 섬유증, 소아 지방변증, 궤양성 대장염, 건선, 사구체신염(신장 장애를 동반한) 등과 같은 수많은 병을 일으키게 됩니다.

대다수의 문제는 백신 접종 수년 후에 발생합니다. 이상이 있는 항체가 최종적으로 발병 단계로 발전하는 데에는 그 정도의 시간이 걸립니다. 그렇기 때문에 예방접종에 의한 피해라고 인식되지 않습니다."

자가 면역 질환은 크게 장기특이성 자가 면역 질환과 전신성 자가 면역 질환의 두 종류로 구분합니다. 전신성 자가 면역 질환의 대표는 관절 류머티즘이 있고, 전신성 에리테마토데스, 다발성 근염, 피부근염, 강피증, 쇼그렌 증후군, 혈관염 증후군, 혼합성 결합조직병 등이 있습니다. 장기특이성 자가 면역 질환은 길랭-바레 증후군, 중증 근무력증, 만성 위염, 자가 면역성 간염, 원발성 담즙성 간경변, 원발성 경화성 담관염, 자가 면역성 췌장염, 대동맥염 증후군, 굿파스쳐 증후군, 급속 진행성 사구체신염, 자가 면역성 용혈성 빈혈, 특발성 혈소판 감소성 자반증, 하시모토병, 인슐린 의존성 당뇨병, 천포창, 원형 탈모증, 심상성 백반, 암 등이 있습니다. 자가 면역 질환이라고 불리는 이러한 내부적 염증도 사실은 체외로 배출할 수 없는 이물질이나 독소를 제거하려고 노력하고 있는 모습인 것입니다.

한편 이물질이나 독소가 더 이상 몸에 들어오지 않도록 해야 하는데, 이제 알레르기 증상으로는 이물질이나 독소 침입을 막는 것이 불가능한 상태이므로 이 단계에서는 환경을 바꾸는 노력이 필요합니다. 이런 노력은 알레르기 증상이 생기는 단계에도 해당합니다. 알레르겐(알레르기 증상의 원인이 되는 물질)을 제거하거나, 꽃가루 알레르기의 원인인 꽃가루는 마스크를 착용하여 막거나, 깨끗한 환경으로 대처하는 것이 필요합니다.

## 깊은 죄책감과 깊은 자기부정감의 의미와 역할

내부의 염증인 관절 류머티즘이나 자가 면역 질환을 항 류머티즘약이나 면역억제제 등으로 억압하는 것은 내부 기관이나 내부 조직이 독소로 침범되고 있다는 알림을 받을 수 없음과 동시에 독소 정화를 멈추는 것이고 이물질과 독소를 더욱 축적하는 것입니다. 마찬가지로 깊은 죄책감이나 깊은 자기부정감을 억압하는 것은 마음에 침입한 '자신을 부정하는 가치관'으로 마음이 침범당하고 있다는 알림을 받을 수 없음과 동시에 마음의 정화를 멈추는 것이고 '자신을 부정하는 가치관'을 더욱 축적하는 것입니다.

깊은 죄책감이나 깊은 자기부정감이 나쁘다며 향정신성 약물을 먹는다고 문제가 해결되지는 않습니다. 깊은 죄책감이나 깊은 자기부정감이 생겼을 때에는 그 감정을 느끼지 않도록 마음을 달래거나 부정하거나 억압하는 것이 아니라 그 감정으로부터 도망치지 않고 충분히 느끼고 왜 스스로를 죄가 많은 인간이라고 생각하는지, 벌을 받아 마땅한 인간이라고 생각하는지 마주해 보려고 하십시오.

어떠한 가치관으로 인해 부정당하고 싶지 않아 열심히

노력했지만 더 이상 노력하는 것이 괴로워져서 스스로를 죄가 많은 인간, 벌을 받아 마땅한 인간이라고 여겼음을, 그리고 그 안에 원망하고 있는 자신이, 더 안쪽에는 깊게 슬퍼하고, 무력감을 느끼는 자신이 있음을 알게 됩니다. 그보다 더 들어가면 분노나 죄책감이 숨어 있고 그 배경이 되는 가치관에 의해 가치 없음은 곧 사랑받을 가치가 없는 것이 되어 스스로가 슬프다는 것을 알 수 있습니다.

각 단계의 억압된 감정, 충분히 배출되지 않은 감정이 있다면 내보내 주세요. 원망이나 미움의 감정을 조금씩 내보내고 깊은 슬픔이나 무력감과 분한 감정도 내보내고, 분노나 죄책감도 조금씩 내보내세요. 그리고 근본에 있는 슬픔의 감정을 되찾으세요.

깊은 슬픔이나 깊은 자기부정감은 '이물질(가치관)이 있어요.'라는 신호입니다. 그러니 자가 면역 질환을 신뢰합시다. 관절 류머티즘을 신뢰합시다. 이물질을 뱉어낼 때까지 깊은 죄책감이나 깊은 자기부정감을 느끼면 됩니다. '관절 류머티즘은 고마운 것, 자가 면역 질환은 고마운 것'이라고 진심으로 그 병을 믿을 수 있는 사람은 관절 류머티즘이나 자가 면역 질환에 의해 이물질을 배출할 수 있는 힘도 생기지만, 우선은 선열이 날 정도의 체력을 키울 필요가 있겠죠. 억압된 감정을 조금씩 내보낸다면 가능해질 것입니다.

물론 이 단계에서 동종요법 치료는 필수인데, 자가 면역 질환 등의 만성병은 하네만의 만성병 치료에 대한 깊은 이해에 기초하여 현대인의 병에 맞춰 개발한 ZEN메소드 없이는 치료에 다다르기가 어려울지도 모릅니다.

마찬가지로 깊은 죄책감이나 깊은 자기부정감을 고마운 것이라고 진심으로 믿을 수 있는 사람은 가치관을 해방할 수 있습니다. 그러기 위해서는 깊은 슬픔의 단계까지 되돌아가는 것이 중요합니다. 물론 감정을 되찾을 때 동종요법은 강력한 도움을 줄 것입니다. '이너차일드 테라피스트 양성 코스'에서는 감정에 특화된 다양한 동종요법 레메디나 베일리 플라워 에센스를 배울 수 있습니다.


## 유이 토라코의 사례

저도 어떤 사람에게 속았을 때 그 배신감 때문에 분노와 분개의 감정이 생겼지만 '이미 당했으니 어쩔 수 없다, 전생에 내가 사람을 속여서 지금의 내가 속은 것일지도 모른다.'라고 스스로에게 말하며 무리해서 분노를 억압했습니다. 지금 생각하면 이때 분노뿐 아니라 깊은 슬픔도 억압했다는 것을 알 수 있습니다. 인과응보, 카르마의 법칙이라는 영적인 가르침을 통해 무리하게 납득하려고 했기 때문입니다. 그래도 미움만은 없앨 수 없었습니다. 그로부터 채 3개월도 지나지 않아 고관절이 심하게 아파 도저히 잠을 잘 수 없을 정도가 되었고 결국 걷기도 힘들어졌습니다. 저를 속이려고 한 사람은 능력도 없으면서 저와 똑같은 일을 하려고 했습니다. 그래서 저는 매일 노력하여 그 사람에게 지지 않으려고 했고 진짜가 남아야 된다는 생각에 열심히 일을 했습니다. 그러자 점점 더 아파졌고 결국 제대로 걷지도 못한 채 일을 하게 되었습니다.

그제서야 이 미움을 용서로 바꾸기 위해 자신의 이너차일드와 대화했습니다. 친절을 가장하여 다가온 그 사람이 일을 빼앗아 간 것을 떠올리면 '몹쓸 짓이네. 왜 나한테 그렇게 대하는 거야?'라는 목소리가 들려왔습니다. 그 이너차일드에게 "그때 힘들었지? 화내고 싶은 마음 잘 알아."라고 말해 주었습니다. 그러자 절대로 용서하지 않겠다고 눈을 치켜뜨며 화를 내고 있던 이너차일드가 조금씩 고개를 숙이기 시작했습니다. 그 눈에는 눈물이 그렁그렁했습니다. 그리고 "필요 없는 아이라며 엄마가 나를 소홀히 대했어. 나를 사랑해주길 바랐어."라며 울었습니다. "사랑해! 토라코. 많이 많이 사랑해. 앞으로도 소중히 할게."라고 하자 가슴 속으로 이 아이(이너차일드)가 쑥 들어와 하나가 되었습니다. 함께 울면서 그 아이가 들어간 가슴을 끌어안았습니다. 원인은 속인 사람에게 있는 것이 아니라 제 안에 있던 이너차일드가 화가 나 있던 것이었습니다. 그러자 저를 속인 사람을 이너차일드를 알아차리게 해준 고마운 사람이라고 생각할 수 있게 되어 진심으로 감사하게 되었습니다. 그리고 동시에 극심했던 고관절 통증이 사라졌습니다.

만약 제가 그때 이너차일드와 마주하지 않았다면, 아마도 더 이상 노력할 수 없게 되어 원망이나 미움의 감정이 깊은 죄책감, 깊은 자기부정감, 벌을 받고 있다는 죄의식으로 바뀌고 관절 류머티즘에 걸려 몸을 움직일 수 없게 되었을 거라 생각합니다.

## 제9장

## 제9단계　　절망의 공포

**【가치관】** 포위(부정의 회피가 불가능)

**【감정】** 절망감, 폐색감, 질식감, 사방팔방이 막힘, 도망칠 곳이 없는 막다른 골목, 꼼짝 못 함, 출구가 없음, 어찌할 수 없음, 움직일 수 없음, 도망칠 수 없음, 꽉 끼어 꿈쩍도 못 함, 은둔형 외톨이, 벼랑 끝, 신으로부터 도피, 신으로부터 버림받을까 봐 두려움

**【증상】** 폴리오, 수막염, 뇌염, 뇌증, 신경염

# 제9단계 절망의 공포

## 내부 염증을 멈추게 하면 암으로 변한다

감정의 변천 제8단계는 만성적인 독혈증 상태이며 내부 기관이나 내부 조직에도 이물질과 독소가 쌓인 결과 세포가 변화해 자신의 세포를 공격하는 자가 면역 질환(내부 염증)이 생기지만, 이 또한 이상세포를 제거하는 몸의 올바른 반응이라는 것을 앞에서 설명했습니다. 만약 항류머티즘약이나 면역억제제로 내부의 염증을 멈추게 하면 이상세포가 증식하여 암으로 변합니다. 동시에 이물질, 독소를 배출할 기회를 빼앗기기 때문에 점점 더 이물질, 독소가 축적되어 이상세포 증식(암)을 가속화합니다.

참고로 암은 배출하지 못해 축적된 쓰레기(이물질, 독소)를 한곳에 모아 소각하는 소각장의 역할을 합니다. 만약 암이 만들어지지 않았다면 이물질이나 독소로 인해 많은 세포들이 변질되어 결국 죽음에 다다르겠죠. 암은 자신을 희생하는 것으로 다른 세포가 정상이 되도록 이물질이나 독소를 한곳에 모아 처리하고 있는 것입니다.

암 조직 안에는 많은 병원체가 있는데 그것들이 이물질이나 독소를 처리합니다. 그렇기에 암을 항암제나 방사선치료로 없애려고 하는 것은 사실 올바른 것이 아닙니다. 이물질이나 독소를 배출할 수 있도록 하는 것이 중요합니다. 그러기 위해서는 증상을 억압하지 않고 식생활을 바로잡고 면역력을 높이는 것, 무엇보다도 억압된 감정을 배출하는 것이 아주 중요합니다. '자신을 부정하는 가치관'이 축적되어 생명의 흐름이 정체되면 생명력과 면역력이 저하되는데, 감정을 내보냄으로써 '자신을 부정하는 가치관'이 배출되면 면역력이 높아집니다.


## 신경계에 작용하는 감염증

또한 면역억제제를 사용하면 이상세포를 비자기로 인식하지 않아 비자기의 자기화가 진행됩니다. 물론 면역억제제를 사용하지 않았지만 면역력이 현저하게 저하된 경우에도 마찬가지입니다. 비자기가 자기가 되면 이상세포가 정상세포가 되는 것이기에 자가 면역 질환 증상은 사라집니다. 하지만 본래 자신이 아닌 것이 자신이 된다는 것은 다른 인격이 생기는 것입니다. 암은 이물질을 소각하기 위한 소각장이라고 했는데, 마찬가지로 암은 인격체가 분열되는 것을 막아 준다고도 할 수 있습니다.

이처럼 암을 억압하거나 자가 면역 질환을 억압하면 정신적인 문제가 생기고 동시에 만성적인 독혈증이 신경계까지 도달하여 신경계에 작용하는 감염증이 발생합니다. 그 결과 폴리오, 수막염, 뇌염, 뇌증, 신경염이라는 염증이 생깁니다. 신경계에 생기는 염증 증상은 감정의 변천 제9단계에 해당합니다.

뇌염은 주로 바이러스가 직접 뇌에 침입, 증식하여 염증을 일으키는 것입니다. 그리고 뇌증은 뇌염과 같은 증상인데 뇌 안에서 바이러스가 인식되지 않은 염증(비감염성 염증)을 말합니다. 수막염은 뇌 주위를 둘러싸고 있는 점막에 염증이 생긴 것이고 폴리오(소아마비)는 손발의 근육에 연결되어 있는 말초신경에 염증이 생긴 것으로 사지 마비를 일으킵니다.

비감염성 염증은 자력으로 사기지유력이 발동하고 신경

조직까지 도달한 이물질이나 독소를 정화할 때 생겨나는 증상이고, 감염성 염증은 병원체의 힘을 빌려 자기치유력을 발동시킨다고 볼 수 있습니다. 즉, 신경계에 작용하는 급성 감염증이란 내부 조직에 이물질, 독소가 가득 차 그로 인해 신경이 손상될 정도로 면역이 저하된 상태에서 자기치유력을 높이고 내부 조직의 독소를 배출하기 위해 자연스럽게 이루어지는 동종요법이 아닌가 생각합니다.

그렇기 때문에 중요한 것은 역시 증상을 억압하지 않는 것입니다. '인플루엔자 뇌증'이라는 속칭이 있는데 이것은 인플루엔자 바이러스에 의해 뇌증이 일어난다고 착각하게 하기 위해 의도적으로 이름 붙여진 것입니다. 실제로는 주로 해열제 사용에 의해 생기는 질환입니다. 즉, 진짜 이름은 '해열제 뇌증'입니다. 인플루엔자로 생기는 고열로 체내에 축적된 이물질, 독소가 혈액 안으로 흘러 들어가는데 해열제로 무리하게 고열을 멈추게 하면 자기 치유력(배출력)이 훼손됩니다.

체내에 축적된 대량의 이물질, 체독이 고열에 의해 혈액 안으로 흘러 들어간 경우 갈 곳을 잃은 대량의 이물질이나 독소가 신경계까지 도달해 직접적으로 신경계를 공격하여 뇌증을 일으킵니다. 즉, 감정의 변천 제3단계에 해당하는 급성 염증을 억압하면 한 번에 제9단계인 내부 급성 염증으로 이행해 버리는 경우가 있는 것입니다. 마찬가지로 제3단계의 슬픔을 도덕적으로 생각하며 무리하게 억압하면 한 번에 9단계의 절망의 공포가 되는 경우가 있습니다. 고열을 해열제로 억압하는 것만큼 위험한 것이 없는 것처럼, 급성 슬픔을 도덕적 사고방식 등으로 억압하는 것만큼 위험한 것은 없습니다.

## 절망의 공포가 의미하는 것

감정의 변천 제7단계는 마음속 깊은 곳에 침입한 '자신을 부정하는 가치관'을 제거하려고 하여 원망이나 미움의 감정이 생긴다고 했습니다. 동시에 원망이나 미움의 감정에 의해 '쓸모 있는 나'와 '대항 가치관의 나'가 '자신을 부정하는 가치관'이 마음에 침입하지 않도록 노력한다고도 했습니다. 만약 이때 원망이나 미움의 감정을 억압하거나 부정당하지 않도록 노력해도 계속해서 부정당한다면 노력하는 것을 포기해 버립니다. 그러면 마음속 깊이 침입한 '자신을 부정하는 가치관'을 정화하는 수단이 없어져 '자신을 부정하는 가치관'이 계속해서 쌓입니다. 이런 식으로 마음이 변질되어 깊은 죄책감이나 깊은 자기부정감이 생긴다고 설명했습니다. 그래도 그 깊은 죄책감이나 깊은 자기부정감은 마음을 정화하려는 움직임이며 마음을 정상적으로 가지려는 움직임인 것입니다. 하지만 이때 깊은 죄책감이나 깊은 자기부정감을 억압하면 '자신을 부정하는 가치관'이나 변질된 마음을 더 이상 배출할 수 없게 됩니다. 죄가 많은 자신을 견딜 수 없어 이 단계로 떨어지는 것이겠죠. 그런 의미에서 이 단계는 신으로부터의 도피라고 할 수도 있습니다. 물론 이 신은 '스스로를 벌주는 신의 대리로서의 나'가 생각하는 신입니다.

부정당하지 않도록 숨어서 인간관계를 차단하고 은둔하는 것은 제8단계부터입니다. 제8단계에서 자신을 지키는 수단으로는 '자신을 부정하는 가치관'이 두 번 다시 들어오지 않도록 하는 것밖에 없기 때문입니다. 제9단계에서는 신으로부터도 몸을 숨기려고 합니다. 혹은 제8단계에서 벌을 받는 것으로부터 도망친 것 때문에 신에게 버림받을까 봐 두려워하는 것일지도 모릅니다. 아무튼 이 단계에서 생겨나는 감정은 공포, 그것도 희망이 전혀 없는 절망의 공포입니다. 회피할 방법이 더 이상 없고 궁지에 몰린 상태이기도 합니다.

폴리오, 뇌막염, 뇌염, 뇌증, 신경염이 나쁘다고 약으로 억압한다면 이물질, 독소로 인해 체내가 훼손되었다는 신호를 받는 것이 불가능해지듯, 절망의 공포가 나쁘다고 항정신성 약물을 먹는다면 문제가 해결되지 않습니다. 절망의 공포라는 감정이 생겼을 때에는 그 감정을 느끼지 않도록 마음을 달래거나 그 감정을 부정하고 억압하는 대신 절망적인 공포를 충분히 느끼면 됩니다. 그리고 무엇을 두려워하고 있는지 그 정체를 보려고 하는 것이 중요합니다.

그러면 자신이 죄가 많은 인간이라는 사실을 인정하는 것으로부터 도망치고 있음을 알 수 있습니다. 혹은 벌을 받는 것으로부터 도망치고 있다는 것을 알 수도 있습니다. 죄가 많은 인간이면서도 벌을 받는 것에 두려워하고 있다는 것을 말입니다. 더 이상 부정당한다면 마음이 무너져 버리기에 겁에 질려 있는 것이겠지요. 그렇기에 이 단계에서 중요한 것은 우선 제8단계의 죄 많은 자신으로부터 도망치지 않고 충분히 느끼는 것입니다. 만족할 정도로 자신의 많은 죄를 느꼈다면 다음은 철저하게 원망하고 미워하는 것입니다. 그 후에는 싸움에 져서 느꼈던 굴욕감, 허무감, 깊은 슬픔을 충분히 느끼는 것입니다. 그러면 다시 자신을 되찾을 힘이 생겨나 분노가 올라오겠죠. 그러면 억압된 분노를 조금씩 내보냅니다. 그런 식으로 억압한 감정을 내뱉지 않으면 마음은 맑아지지 않습니다. 분노를 내보내면 그 안에 있는 부정당한 것에 대한 두려움, 그리고 부정당했을 때의 슬픔이 떠오릅니다.

제2단계의 공포는 사랑받을 가치에 대한 의심의 공포입니다. 또 제4단계의 공포는 부정당할 것 같은 상황에 처하지 않도록 도망치기 위한 '미래에 대한 공포' 또는 노력하기 위한 '만성의 공포'입니다. 한편 제9단계 절망의 공포는 심리적으로 도망칠 곳이 없는 공포입니다. 도망갈 힘도 없고, 노력할 힘도 없고, 신에게 부정당했다고 믿어 사지로 내몰린 듯한 공포입니다.

## 부끄러움은 절망의 일종

두려운 감정 중 부끄러움이 있습니다. "일본인 중에는 부끄럽다는 생각을 하는 사람, 수치심을 느끼는 사람이 많은데, 이것은 몇 단계의 두려움인가요?"라고 하는 질문을 받았습니다. '부끄럽다'라는 단어는 상태에 따라 미묘한 뉘앙스 차이가 있다고 생각됩니다. 만약 도망치는 느낌이 강하다면 만성 두려움, 책망하는 느낌이 강하다면 분노의 부류에 들어갈 것입니다. 이것은 상태에 따라 판단하는 수밖에 없습니다. 부끄러움이라는 감정에 대해 '감정의 변천'이라는 관점에서 설명하겠습니다.

부끄러움이라는 감정에는 4종류의 의미가 있습니다. 우선 감정의 변천 제3단계의 슬픔에 해당하는, 실제로 부끄러운 짓을 해서 부끄럽다고 생각하는 감정입니다. 현재에 있는 감정입니다. 비웃음을 당하는 일, 바보 취급당하는 일, 업신 여김을 당하는 일로 인해 부끄럽다고 느낍니다. 예를 들어 '사람들 앞에서 방귀 뀌어서 부끄럽다.'라거나, '한자를 틀리게 읽어서 좋아하는 A가 놀려 너무 부끄럽다.' 등입니다.

다음으로 슬픔을 회피하기 위한 제4단계의 만성 두려움에 해당하는 부끄러움입니다. 비웃음당하지 않기 위해, 바보 취급당하지 않도록 회피하는 감정입니다. 비웃음당하는 것을 회피하는 방법으로는 노력하여 비웃음당하지 않는 자신이 되는 방법과 그런 장소를 회피하는 방법이 있습니다. 이 부끄러움은 미래에 대한 두려움입니다. 예를 들면 '사람들이 많은 곳에서 방귀 뀌면 부끄러우니까 교실 구석에 가서 살며시 뀐다.'입니다. 앞서 설명한 것처럼 미의식이 강한 사람일수록 독특한 미적 가치관을 형성하게 되어 그것에 기초해 부끄럽다는 감정을 가지기 쉽습니다.

다음으로 제5단계인 분노에 해당하는 감정은 부끄러움이 아닌 수치라고 하는 단어가 좋을지도 모르겠습니다. 자신이나 상대를 탓하는 감정입니다. 예를 들면 '사람들 앞에서 방귀를 뀐 자신을 수치스럽다고 생각'하는 것입니다. 슬픔이 분노나 죄책감으로 변천하듯이 앞에서 이야기한 부끄럽다는 감정이 수치심이 되어 자신이나 타인을 탓하는 것입니다. 예를 들어 좋아하는 A가 사람들 앞에서 큰 소리 나는 방귀를 뀌었을 때 공감하는 것이 가능하다면 부끄럽다고 생각합니다. 이것은 슬픔의 단계입니다. 하지만 공감할 수 없을 때, A의 행위가 수치가 되어 A를 '철면피'라며 비난합니다. 이것은 분노의 단계입니다.

그리고 '존재 그 자체가 부끄럽다.'라는 단계가 있는데 이것은 제9단계의 절망의 공포에 해당합니다. 부끄러운 짓을 한 자신을 탓하며 두려움을 억압하여 깊은 슬픔이 되어 노력해도 그 감정을 지울 수가 없어집니다. 그리고 원망을 넘어서 절망의 공포에 해당하는 '도망칠 곳 없는 절망적인 부끄러움'으로 발전하는 경우가 있습니다. 이 단계는 무감정, 무감각의 마비에 다다릅니다. 한마디로 '부끄러움'이라고 말해도 이처럼 4종류의 의미가 있는 것입니다. 앞에서 말한 것처럼 미의식이 강한 사람일수록 수치심을 가지기 쉽고 자신에게도 타인에게도 엄격하여 심미적인 가치 판단을 하는 경향이 있습니다.

저는 초등학생 시절 마음에 트라우마가 많았기에 말을 조금 더듬었습니다. 국어 시간에 낭독을 하게 될까 봐 두려워했는데 어느 날 선생님이 저를 지목하셨습니다. 무엇을 읽고 있는지도 모르게 횡설수설하며 겨우 다 읽었습니다. 그러자 선생님이 "너는 호랑이(토라)니까. 인간이 아니라서 제대로 읽지를 못하는구나."라며 토라코라는 제 이름에 빗대어 놀렸습니다. 저는 부끄러움과 비참함을 느꼈고 사라져 버리고 싶다고 생각했습니다. 기운이 빠진 상태로 집에 돌아온 저를 본 어머니는 "약한 사람은 용서할 수 없다."는 자신의 선천적인 가치관을 발휘했습니다. 저를 데리고 교무실로 가서 호통을 쳤던 것입니다. 그런 어머니의 행동이 저에게 있어서는 아주 부끄럽게 느껴져서 슬펐습니다. 그 이후 선생님들은 저를 아주 조심스럽게 대했지만 뒤에서는 "가난한 것들은 비뚤어져서 안 된다."라고 말했습니다. 그로 인해 저는 자신을 부끄럽고 쓸모없는 사람이라고 생각하게 되었습니다.


## 절망적인 부끄러움의 사례

어떤 사람은 교실에서 설사를 해서 놀림을 당한 이후 변비가 되었습니다. 결코 똥을 싸선 안 된다, 그것은 너무나 부끄러운 일이리고 생각한 것입니다. 변비에 걸린 후 설사를 매일 5년 이상 했습니다. 저와 만났을 때 변비는 물론이거니와 감정이 나타나지 않는 증상도 있었습니다. 웃지도 않고 화내지도 않고 감정이 없어져 버렸습니다. 그리고 모욕을 당하는 꿈을 자주 꾼다고 했습니다 무감정, 무감동과 변비의 레메디인 Op.(오피니움, 양귀비)과 반복되어 부끄러운 꿈을 꾸기에 이것도 변비 레메디인 Alum.(알루미나, 산화 알루미늄), 그리고 패닉 상태가 되어 머리 속이 새하얗게 된 과거의 경험을 다시 한번 체험하고 그 아이를 구해주기 위한 패닉 레메디인 Arg-n.(알젠툼 나이트리쿰, 질산은)을 주었습니다. 이 레메디도 스스로를 부끄럽다고 생각하는 레메디입니다. 레메디를 먹고 처음에는 격한 분노가, 다음으로는 슬픔이 나타나 몸에서 열이 났다고 합니다.

레메디의 힘과 의식적인 이너차일드 치유를 통해 초등학교 시절 설사를 하고 불안하여 어쩔 줄 모르는 자신과 만나 "별일 아니야. 아침에 먹은 우유가 상했었지. 자, 이리 와. 화장실에 가서 깨끗하게 씻어줄게."라고 말해줬다고 합니다. 자신의 이너차일드를 20년 지나서 드디어 구해줄 수 있게 된 것입니다. 이 아이가 매달렸기에 머리를 쓰다듬으며 "부끄러웠지. 다들 더럽다면서 말을 심하게 했지."라고 말해준 것입니다. 다시 한번 변비 레메디 등을 먹게 하였고 변비도, 수치심도 꽤 많이 치유되어 웃을 수도, 울 수도 있게 되었습니다.

## 제 10 장

## 제10단계　　무감정

**【가치관】** 붕괴

**【감정】** 무감정, 무감각, 마비

**【증상】** 발달장애, 자폐증, 뇌전증

# 제10단계    무감정

## 감정이 가 닿는 곳

감정의 변천 제9단계에서는 독혈증이 진행된 결과로 신경계에서 급성 염증이 생기는데, 이것도 신경계까지 도달한 이물질이나 독소를 제거하려고 하는 몸의 올바른 반응이라고 설명했습니다. 만약 이때 생기는 열 등의 증상을 해열제 등 약으로 억압하면 만성 신경 질환, 즉 발달장애, 자폐증, 뇌전증 등이 됩니다.

발달장애의 큰 원인으로 예방접종이 있다는 것을 제 임상경험을 통해 이야기해 왔는데 뒷받침하는 자료를 소개하겠습니다. 주요한 백신에 대해 백신의 첨부 문서에 적혀 있는 '중대한 부작용'만을 한 번에 볼 수 있게 표로 만든 것을 일본 동종요법 의학 협회에서 발행하는 '동종요법 신문'에 게재하였습니다.(http://news. jphma.org/2013/02/post-4a89.html) 이하는 백신 첨부 문서에 기재된 '중대한 부작용'으로 공개된 정보입니다.


## 기재된 중대한 부작용

아나필락시스 증상, 아나필락시스 쇼크, 급성 산재성 뇌척수염(ADEM), 길랭-바레 증후군, 경련, 무균성 수막염, 다발성 경화증, 뇌염, 뇌증, 혈소판 감소성 자반병, 피부점막안 증후군, 네프로제 증후군, 전신 파종성 BCG감염, 골염, 골수염, 골막염, 피부 결핵성 병변, 혈관염(알레르기성 자반병 외)


이 병명들을 보고 깜짝 놀라는 분들이 많을 것이라고 생각합니다. 모두 다 병의 단계에서 제8~9단계에 해당하는 내부 기관이나 신경계 염증에 해당합니다. 예방접종은 건강한 사람을 한 번에 제9단계의 환자로 만들어 버리는 힘을 가지고 있는 것입니다. 즉, 그만큼 면역력을 저하시키는 힘이 강합니다. 이러한 급성 신경계 염증을 약으로 억압하면 앞에서 말한 대로 제10단계 만성 신경계 질환으로 진행됩니다. 즉 발달장애, 자폐증, 뇌전증 등의 질환입니다. 이러한 만성 신경계 질환조차도 이물질을 배출하려고 생겨난 것입니다. 만약 이러한 질환을 동반한 증상을 약으로 억압한다면 완전히 무감정, 무감각하게 되어 다른 인격, 다중인격이 됩니다.

제9단계는 '자신을 부정하는 가치관'을 배제하는 방법을 모두 잃고 '자신을 부정하는 가치관'이 들어오지 못하도록 도망갈 힘도, 가치가 있는 인간이 되려고 노력할 힘도 더 이상 없어 '자신을 부정하는 가치관'이 들어오지 못하도록 어딘가로 숨는 수밖에 없는 상황이라고 말했습니다. 만약 이때 느끼는 절망의 공포를 억압하거나 부정당하면 만성적인 절망의 공포가 되고 또다시 억압하면 감정이 완전히 마비됩니다. 외부에서 들어오는 정보를 차단해 무감각해지는 것입니다. 혹은 다른 인격을 만들어내어 감정이 없어지기도 합니다.

발달장애의 큰 원인은 예방접종에 있다고 했는데, 같은 정도로 큰 원인으로 꼽히는 것이 어린 시절 부모로부터 무시당하는 것입니다. 아이의 입장에서 보면 혼나거나 맞는 것보다도 무시당하는 것이 가장 괴롭습니다. 울어도 상대해주지 않고, 노력해도 칭찬해주지 않고, 화를 내도 상대해

주지 않는 경험을 하면 단계를 거치지 않고 한 번에 깊은 슬픔에 빠집니다. 그럼에도 불구하고 부모의 가치관으로 자신을 판단해 가치가 있는 사람이 되려고 노력합니다. 하지만 여전히 무시당한다면 죄의식을 가지기 시작하여 이윽고 감정은 절망의 공포로 변합니다. 지속적으로 무시당하는 것은 존재 그 자체를 계속해서 부정당하는 것이며, 사랑받을 가치가 없는 쓸모없는 인간이라는 가치관이 마음속 깊은 곳에 지속적으로 침투하게 됩니다. 그 결과 감정, 신경, 감각이 마비되어 버립니다.

제 어머니는 매일 식사가 끝나면 벽을 향해 그날 있었던 싫었던 일을 "젠장, 사람을 바보 취급하다니!"라며 저주하듯이 말했습니다. 저는 그 모습을 슬프게 바라보는 수밖에 없었습니다. 어머니는 마을 남자에게 강간당한 적이 있었고, 그로부터 3년 뒤에는 미친 남자가 휘두르는 칼에 찔린 적도 있습니다. 그래도 어머니는 살아가기 위해 마을 남자들 틈에서 육체노동을 하여 일당을 벌었습니다. 남자들은 여자인데도 남자처럼 육체노동을 하는 어머니를 놀리고 희롱했습니다. 집에 돌아와 도시락통을 씻으려고 뚜껑을 열자마자 게가 잔뜩 쏟아져 나온 적도 있습니다. 도시락에 담긴 것은 게뿐만 아니라 돈벌레인 적도 있습니다. 남자들은 약한 소리를 뱉지 않는 강한 어머니를 어떻게든 괴롭혀서 울리려고 했습니다. 그래도 어머니는 그렇게 괴롭힘을 당한 다음 날도 아무 일 없었던 것처럼 일을 하러 갔습니다. 아무리 싫어도 그 일을 해야만 돈을 벌 수 있었기 때문입니다.

어머니는 자신의 감정만으로도 버거웠습니다. 그래서 저도 저의 감정을 말하지 않게 되었습니다. 어머니를 그 이상 괴롭게 하고 싶지 않았기 때문입니다. 이후 저는 남성을 아주 싫어하게 되었습니다. 또한 저의 감정이 괴로운 것인지 아니면 화가 나는 것인지 모르게 되었습니다. 눈물조차 나오지 않을 때도 있었습니다. 이것도 "울지마, 우는 건 지는 거다."라는 어머니의 가르침이 있었기 때문입니다. 어린아이였는데도 불쌍한 어머니를 보며 '어떻게 하면 엄마를 웃게 할 수 있을까?'라고 필사적으로 생각했습니다. 때로는 발가벗고 춤을 춰서 어머니나 오빠를 웃게 했습니다. 마음속은 너무나도 슬펐는데 무리해서 웃었더니 결국 감정을 모르게 된 것입니다. 어른이 되고 20년간 만나지 않았던 친구와 만났을 때 제가 웃었더니 "토라코 웃네?"라며 친구가 놀라는 모습을 보고 제가 더 놀랐습니다. 그때는 조금씩 이너차일드가 치유되고 있었던 것이겠죠.

# 에필로그

# 에필로그

## 감정의 단계별 치유법

지금까지 가치관으로 인해 부정당하는 것에 대한 반응으로 생기는 감정과 그 변천에 대해 이야기했습니다. 이너차일드를 치유하기 위해서는 다양한 상황에서 생기는 감정을 아는 것, 자신에게 생긴 감정의 종류와 변천이 어느 단계에서 유래했는지 분석하는 것이 중요합니다.

억압된 감정의 해방은 앞서 말한 순서의 역순으로 일어납니다. 무감정 → 절망의 공포 → 깊은 죄책감 → 원망, 미움 → 깊은 슬픔 → 분노 → 만성 공포 → 슬픔 → 의심이라는 공포 → 무감성의 흐름입니다. 자신을 부정하는 가치관에서의 해방도 이 순서로 일어납니다. 각 감정이 어떤 단계에 있는지를 알면 그 대처 방법도 알 수 있습니다.

제2단계 '의심이라는 공포'일 때에는 자신의 가치에 대한 의심(나는 정말로 가치가 없는 걸까?)을 가치관 자체에 대한 의심(그 가치관은 진짜인가?)으로 전환하여 감염된 가치관을 해방시킵니다.

제3단계 '슬픔'일 때에는 슬픈 감정을 충분히 느끼고 울도록 합니다. 우는 것이 중요한 이유는 눈물과 함께 '나를 부정하는 가치관'을 배출할 수 있기 때문입니다. 그러면 쓸모없어도 괜찮다고 생각할 수 있고, 쓸모없는 자신을 받아들여 사랑할 수 있습니다.

제4단계 '만성 공포'일 때에는 부정당할까 봐 두려워하는 감정을 충분히 느끼고, 무서운 것으로부터 등을 돌려 도망치던 것을 멈추고 뒤를 돌아 무섭다고 생각한 것을 차분히 바라봅니다. 두려움을 신뢰하고 받아들여 도망치지 않고 두려움과 함께 무섭다고 생각하는 상황에 머무는 것이 가능하다면 무섭다고 생각한 것이 실제로는 무섭지 않다는 사실을 간파할 수 있을 것입니다.

5단계 '분노'일 때는 '자신을 책망하는 타인'이나 '쓸모없는 타인', 혹은 '자신을 책망하는 자신'을 회피하며 책임을 다른 대상에 전가하고 있음을 이해해야 합니다. 자신이 부족하다는 것을 솔직하게 인정함으로써 분열되어 버린 자신을 하나로 통합해야 합니다. 그러면 슬픔을 느낄 수 있겠죠. 그 슬픔을 충분히 느끼고 눈물을 흘릴 수 있다면 더욱 좋습니다. 또한 내가 탓한 상대가 나의 이너차일드라는 것을 간파하거나, 나를 탓하는 상대가 나 자신이라는 것을 간파함으로써 분열된 자기를 통합합니다.

제6단계 '깊은 슬픔'일 때에는 깊은 슬픔, 무력감을 충분히 느껴봅니다. 눈물이 나올 정도로 분할 때는 울어봅니다. 그렇게 함으로써 쓸모없는 나를 받아들여 제3단계 '슬픔'으로 이행하는 것이 가능할지도 모릅니다. 슬픔으로 이행하지 못하더라도 나는 쓸모없지 않다고 하는 제5단계 '분노'로 돌아가는 것이 가능하겠죠.

제7단계 '원망, 미움'일 때에는 원망, 미움을 충분히 느껴봅니다. 그리고 굴복하면서까지 노력하는 것을 그만두고 다시 한번 부정당함으로써 제6단계의 '깊은 슬픔', 무력감, 굴욕감, 분함을 느끼도록 합니다.

제8단계 '깊은 죄책감, 깊은 자기부정감'일 때에는 깊은 죄책감, 깊은 자기부정감을 충분히 느끼도록 합니다. 그리고 자신이 죄가 많은 존재라는 망상을 그만두고 제7단계 '원망, 미움'을 느껴봅니다.

제9단계 '절망의 공포'일 때에는 절망의 두려움을 충분히 느끼고 제8단계에서 자신의 깊은 죄로부터 도망치고 있음을 자각하고, 도망치지 않고 자신의 죄와 마주해 봅니다. 각각의 감정은 '자신을 부정하는 가치관'이 마음에 침입해 있다는 알림이며, '자신을 부정하는 가치관'을 배출하기 위해 내보내고 있는 증상임을 신뢰하고, 최종적으로는 제3단계의 슬퍼하는 이너차일드를 발견하는 것입니다.

감정에 따라 행동하는 것은 괴롭기 때문에 그 감정을 느끼지 않고 지나가도록 상황을 바꾸려고 하는 것입니다. 확실히 감정에 따라 행동한다면 적어도 감정을 억압하진 않습니다. 하지만 그렇게 해서는 근본적인 해결이 되지 않습니다. 또한 '증상이 나오지 않게만 한다'라는 관점으로 보면 억압은 하지 않았지만 결과적으로 억압한 것과 같습니다.

따라서 지금의 분노로 인해 상대를 통제하려고 하거나, 화가 나는 대로 상대를 때리거나, 분노로부터 도망치기 위해 상황을 바꾸려고 하거나 노력하는 것은 올바른 행동이 아닙니다. 그렇게 해도 과거에 분노를 억압했거나 슬픔을 억압했던 적이 있었다면 이미 억압한 것입니다. 그런 경우에는 과거의 감정을 되찾아 내보내는 것이 중요하고 베개를 때리는 등 감정에 따라 행동하여 과거의 감정으로부터 벗어나는 것이 중요합니다.

## 《감정의 변천과 증상의 변천》

**제1단계 무감정** … 생존본능

↓ ⋯ 부정

**제2단계**(적으로부터 상처받는다)

**의심이라는 공포** … 설사, 구토, 기침, 가래, 콧물, 초기염증

(상처, 기관지염, 방광염)

↓ ⋯ 부정

**제3단계**(적으로부터 깊은 상처를 받는다)

**슬픔** … 고열, 발진

↓ ⋯ 부정

**제4단계**(적으로부터 상처받지 않도록 회피한다) → ①노력 ②회피

**만성 공포** … 미열, 습진

↓ ⋯ 부정

**제5단계**(적과 싸운다. 적을 공격한다)

**분노, 죄책감** … 알레르기, 아토피성 피부염, 천식

↓ ⋯ 부정

**제6단계**(적과 싸우는 것을 포기한다. 패배)

**깊은 슬픔** … (선열, 림프절 종창, 편도염, 인두염, 발진)

↓ ⋯ 부정

**제7단계**(적을 따른다) → 싸움을 회피하기 위한 노력

**원망, 미움** … 만성 피로 증후군 (미열, 만성 림프절 종창, 만성 편도염, 만성 인두염, 만성 습진)

↓ ⋯ 부정

**제8단계**(적을 따를 힘이 없다. 자신을 공격한다)

**깊은 죄책감, 깊은 자기부정감** … 자가 면역 질환 (관절 류머티즘, 전신성 에리테마토데스, 다발성 근염, 피부근염, 강피증, 쇼그렌 증후군, 혈관염 증후군, 혼합성 결합조직병, 길랭-바레 증후군, 중증 근무력증, 만성 위염, 자가 면역성 간염, 원발성 담즙성 간경변, 원발성 경화성 담관염, 자가 면역성 췌장염, 대동맥염 증후군, 굿파스쳐 증후군, 급속 진행성 사구체신염, 자가 면역성 용혈성 빈혈, 특발성 혈소판 감소성 자반증, 하시모토병, 인슐린 의존성 당뇨병, 천포창, 원형 탈모증, 심상성 백반, 암)

↓ ⋯ 부정

**제9단계**(자신의 존재가치에 대한 의심)

**절망의 공포** … 폴리오, 수막염, 뇌염, 뇌증, 신경염

↓ ⋯ 부정

**제10단계**(절망을 회피하기 위해 감정, 감각을 차단한다)

**무감정** … 발달장애, 자폐증, 뇌전증

## 유이 토라코의 이야기로 본
## 감정의 변천과 이너차일드의 치유

　부모로 인해 괴롭고 슬픈 경험을 하는 것은 누구에게나 있을 수 있는 일입니다. 가치관이 만들어진 원인을 찾아내 이너차일드를 치유한다고 해도 비슷한 사건과 만나게 되면 감정이 흐트러지고 다시 과거의 사건이 생각나면서 연이어 또 다른 경험이 떠오르곤 합니다. 최초의 이너차일드는 치유하였어도 다른 치유되지 않은 이너차일드가 있어서 그 이너차일드가 등장합니다.

　예를 들어 저는 '훌쩍훌쩍 울면 안 된다.'라던지 '언제까지나 투덜거려선 안 된다.' 등의 말을 자주 했습니다. 제 아이에게도 자주 말했고 CHhom의 전신인 RAH(Royal Academy of Homoeopathy)의 학생에게도 말했습니다. "언제까지 투덜거릴 거야. 그래서 여자는 안 되는 거야!"라고 했습니다. 어째서 그렇게까지 엄격했던 걸까 생각해보니 어머니가 "훌쩍거리지 마! 울지 마! 이 녀석아!"라고 말했었기 때문인 것 같습니다.

　어린 시절 매년 설날이면 초등학교에서 홍백색의 찹쌀떡을 나눠 주었습니다. 저도 그 찹쌀떡이 먹고 싶어서 1km 이상 떨어진 학교까지 걸어갔습니다. 그 해엔 눈이 와서 도로에도 눈이 쌓여있는 상태였는데 장화를 신고 학교로 디

벅터벅 걸어갔습니다. 눈을 밟으며 걸으니 점점 더 발이 차가워졌습니다. 양말은 신었지만 장화가 찢어져 있어서 눈과 물이 스며들었던 것입니다.

어쨌든 학교까지 가서 찹쌀떡을 얻어 집에 돌아왔을 무렵은 점심때가 지나서였습니다. 발끝이 완전히 차가워져서 감각이 없어진 상태였습니다. 문을 열려고 했는데 빗장으로 잠겨 있어서 쾅쾅 두드리며 "엄마, 나 왔어!"라고 소리를 질렀습니다. 문을 열어주려고 나온 어머니는 자고 있었는지 잠옷을 입고 있고 녹초가 된 상태로 문을 열어 주셨습니다. 어머니의 눈을 보자 저는 안심이 되었는지 엉엉 울어 버렸습니다.

그랬더니 어머니가 제 목덜미를 잡아 "들어가!"라며 집 안에 억지로 밀어 넣었습니다. 어머니는 "어쩔 수 없네. 이놈 자식. 훌쩍훌쩍 울기나 하고!"라며 불을 피우고는 "이리와! 여기에서 발을 녹이면 된다."며 아궁이에 발을 올려놓으라고 했습니다. 그때의 저는 '울면 안 된다, 더 울면 큰일 나겠지.'라고 생각하여 눈물을 꾹 참고 있었습니다. 그런데 그때 싸구려 나일론 양말이 불길에 녹아 구멍이 나버린 것입니다. 저는 발이 차가워져서 감각이 없었기에 전혀 눈치채지 못했습니다. 탄내가 난다고 말을 꺼낸 어머니는 양말이 녹은 것을 눈치채고 "타고 있잖아! 얼마 전에 사 온

건데!"라며 한층 더 화를 내기 시작했습니다.

더욱더 슬퍼서 울고 싶었지만 울면 또 얻어맞기 때문에 꾹 참았습니다. 이런 식으로 저는 "훌쩍훌쩍 울지마! 우는 건 짜증 난다!"라는 말을 계속해서 들어왔습니다. [제3단계 슬픔과 그 억압]

어머니는 저를 가진 지 3개월 차에 남편을 먼저 보내고 싱글맘이 되어 저와 오빠들을 키웠습니다. 울면 손이 너무 많이 가니 계속 "울지마!"라고 했습니다. 그것보다도 제가 울면 어머니의 우는 이너차일드에 영향이 미쳐 괴롭기에 저에게 울지 말라고 한 적이 더 많았던 것 같습니다. "울지 마!", "아프지 마!", "폐 끼치지 마!" 항상 이런 말을 들어 왔기에 '짜증 나게 굴어선 안 된다.', '훌쩍거리면 안 된다.', '항상 투덜거려선 안 된다.'라는 가치관을 가지게 된 것입니 다. 이 가치관으로 직원이나 학생을 보기 때문에 여러 번 같은 말을 들으면 "그거 지난번에도 말한 거잖아."라고 말 하는 것입니다. 물론 이제는 그렇게 말하지 않습니다.

결국 능력 없는 직원이나 학생은 저의 이너차일드였던 것입니다. 순수하게 모르기에 물어본 것뿐이고, 화내지 않 고 가르쳐주길 바랐던 것입니다. 저를 심하게 대한 어머니 처럼 저도 같은 가치관으로 스스로에게 엄하게 대하고 있 었던 것입니다. 그리고 다른 사람에게도 엄격하게 대했습니다. 지금 생각해보면 그때의 직원이나 학생, 그리고 스스로가 안쓰럽습니다.

"너는 언제나 남에게 폐를 끼치고 훌쩍거린다.", "네가 있으면 주위가 어두워진다.", "너의 한마디로 주위 분위기가 확 바뀐다." 등의 말을 계속 들어왔던 저는 남에게 폐를 끼치지 않고 모두가 즐겁게 있을 수 있으려면 어떻게 하면 좋을까 생각하기 시작했습니다. 그리고 어머니는 내가 벌거벗고 춤을 출 때만큼은 "너는 바보구나."라고 웃으며 머리를 쓰다듬어 준다는 것을 깨달았습니다. 학교에서 괴롭힘을 당하거나 몸싸움에서 지면 혼이 나기에 어머니에게는 절대로 말하지 않았습니다. 그런 일을 겪고 집에 돌아갔는데 엄마가 기분이 안 좋으면 사실은 저도 힘들고 슬프면서도 그런 내색은 하지 않고 벌거벗고 "엄마 이것 봐."하면서 춤을 췄습니다. 그러면 엄마는 "바보야 너는." 하며 웃어주는 것입니다. 다만 슬픈 마음을 억누르고 춤을 춘 밤이면 무의식적으로 울면서 자거나 오줌을 쌌습니다. [제4단계 부정당하는 것에 대한 고질적인 두려움과 슬픔을 회피하기 위한 노력]

이렇게 하여 저는 어머니의 가치관을 믿게 되었고 '나는 쓸모없는 아이'라는 생각에 슬펐습니다. 그리고 그 가치관으로 자신을 탓하거나 타인을 탓했던 것입니다. 우는 나를 다그치기도 하고 우는 학생에게 "가르쳐주는 건데 왜 울

어?"라며 탓했던 것입니다. [제5단계 분노와 죄책감]

그랬더니 "그런 식으로 타인을 탓하면 안 됩니다!"라고 주변 학생이 저를 탓하더군요. 저도 질 수 없어 "선생님에게 감히 무슨 말을 하는 거야!"라고 말했습니다. '타인을 탓하면 안 된다.'라는 가치관에 '선생님에게 불평해서는 안 된다.'라는 대항 가치관으로 맞선 것입니다. 만약 제가 면역력이 약했다면 '맞아. 타인을 탓하면 안 된다.'라는 가치관으로 사람을 탓하고 싶은 감정을 억압했겠죠. 그리고 타인을 탓한 자신은 쓸모없는 인간이라고 생각해 제6단계의 깊은 슬픔에 빠졌을 것입니다.

이처럼 발전 단계에 있던 저는 차례차례로 나오는 이너차일드에게 농락당해 정말로 힘들고 괴로웠습니다. 학생과 직원들도 그 영향으로 자신의 이너차일드가 혼란스러워져 분명 괴로웠을 것입니다. 이너차일드 치유 과정에서는 서로 그렇게 되어도 어쩔 수 없습니다. 냄새나는 것을 치우지 않은 채 뚜껑만 덮어버리는 것이 아니라, 이너차일드를 치유하기로 마음먹었다면 좋은 사람을 연기하고 싶은 마음을 내려놓고 본심으로 살아야 합니다. 비 온 뒤에 땅이 굳어지는 것처럼요.

'남들 앞에서 울면 안 된다.'라는 가치관이 생기면 '정말로 울면 안 되는 걸까, 그 가치관은 올바른 걸까?'라는 의심을 가지세요. 그리고 그 가치관이 형성된 옛날의 기억을 떠올려 그 아이에게 울어도 괜찮다고 알려 주세요. 그때 중요한 것은 "왜 울고 싶었어? 뭐가 슬펐어? 어떻게 해주길 바랐어?"라고 물어보는 것입니다. "울거나, 화내거나, 슬프거나, 괴로운 것은 감정이니까 감정은 내보내도 괜찮아"라고 가르쳐 주는 것이 중요합니다.

"울면 안 된다는 가치관은 거짓말이니까 안 믿어도 괜찮아!"라고 가르쳐 줍니다. 슬픔의 감정이 나오는 것은 아주 좋은 것이기에 충분히 슬퍼합시다. 눈물이 나오면 더욱 좋습니다. 충분히 우세요. 그리고 이너차일드에게 말을 걸어 주세요. "어떻게 해주고 싶었어? 빗장이 닫혀 있는 문을 쾅쾅 두드렸더니 열렸어. 그때 엄마가 어떻게 있어 줬으면 했어?", "토라코, 어서 와. 어머, 신발이... 눈이랑 물이 들어가서 발이 차가웠겠다. 슬펐지. 괜찮아? 보여줄래? 라고 말해주길 바랐어. 얼어버린 발을 손으로 문질러주길 바랐어. 그리고 새 양말로 갈아 신고 불을 쬐고 코코아 타 줄게라고 말해주길 바랐어."

어린 시절 미스즈라는 친구 집에서 난생처음 코코아라는 것을 마셨을 때 "우와, 이거 뭐야!"라고 깜짝 놀라 만화에 나오는 것처럼 눈이 번쩍 띄였습니다. 미스즈네 집은 아버지가 교장 선생님이고 부자였습니다. 어머니와 할머니가 집에 계셔서 매일 미스즈가 학교에서 돌아오는 것을 기다리고 있었습니다. 부러웠습니다. 가끔 하굣길에 그 집에 들르면 미스즈의 엄마가 "어서 와. 얼른 이리 와. 따뜻한 물 끓이고 있어. 지금 코코아 타 줄게."라고 말하는 것이었습니다. 코코아 가루를 컵에 넣고 따뜻한 물을 넣으면 굉장히 맛있는 냄새가 났습니다.

　미스즈와 둘이서 코코아를 후후 불면서 손으로 따뜻한 컵을 감싸고 있었습니다. 그래서 저에게 있어서 코코아는 미스즈의 집처럼 따뜻한 가정의 상징입니다. 울고 있는 토라코에게 "토라코, 차가웠지. 불 좀 쬐라. 지금 코코아 타 줄게."라고 말해주는 것입니다. 그때 제가 정말로 받고 싶었던 것을 물어보고 그것을 해주는 것입니다. 자신이 받지 못했던 것을 상상해서 해주는 것입니다. 이런 식으로 울고 있는 이너차일드를 치유할 수 있다면 훌쩍거리는 자신을 비난하지 않게 됩니다. 그리고 부모님도 용서할 수 있습니다. 왜냐하면 훌쩍거리지 말라고 자신이나 다른 사람에게 화를 낸 것은 사기 자신이기 때문입니다. 훌쩍이는 것을 허락하지 않았던 자신이 훌쩍이는 이너차일드를 받아들일 수 있다면 부모는 더 이상 자신을 비추는 거울이 아니게 됩니다. 부모님이 해준 것은 아니지만, 해주길 바랐던 "불 쬐라, 지금 코코아 타 줄게."라는 말을 해주는 것으로 만족하게 되고, 울어도 된다는 것을 알게 되면 부모님에 대한 기대도 없어집니다.

부모도 자신과 마찬가지로 울고 있었다는 것을 알게 되기 때문입니다. 그러면 부모를 탓하는 마음도 없어지겠죠. 다만 '부모도 불쌍한 사람이니까 용서해줘야 한다.'라고 생각하게 된다면 큰 착각입니다. 머리로 이해하고 자신을 납득시키는 것은 그만두세요. 그것도 역시 가치관에 의한 분노의 억압이 되기 때문입니다. 부모에 대한 분노를 억압해온 사람은 그 억압적인 분노를 내보내는 것을 가장 우선시해야 합니다. 그래야만 부모를 진정으로 용서할 수 있습니다. 부모에게 사랑받지 못했던 분노의 감정에서 슬픔의 감정으로 이행할 수 있을 때 처음으로 부모의 괴로움이나 슬픔을 진심으로 이해할 수 있다고 생각합니다. '부모도 용서해야 한다.'라는 생각은 옳을지도 모르지만 진정한 이해가 중요한 것이고 그런 도덕적인 생각이나 영적인 가르침으로는 어떤 것도 구할 수 없습니다. 오히려 감정을 억압하거나 억압된 감정이 해방되는 것을 차단하게 됩니다.

자기 자신의 슬픔을 느낄 수 있게 됨으로써 자신뿐 아니라 부모나 자신을 부정한 상사, 친구도 모두 울고 있다는 것을 알게 됩니다. 쓸모없다고 부정당해 사랑받지 못해서 울고 있는 아이가 있음을 알게 됩니다. 그것을 알고 나면 자연스럽게 '부모님도 힘드셨구나.'라고 생각하게 됩니다. 그것이 진심 어린 이해입니다. 진정한 이해가 있어야 비로소 부모를 용서할 수 있습니다.

물론 가장 먼저 용서하는 것은 나 자신입니다. 쓸모없다고 부정당하고 사랑받지 못해 울고 있는 아이가 이너차일드이기 때문에 그 아이를 찾아내는 것이 가장 중요합니다. 찾게 된다면 그 아이를 마음껏 사랑해주세요. 그 아이의 말을 100% 받아주세요. 나쁜 일 따위는 이 세상에는 하나도 없으니까. 훌쩍여도 좋고, 느림보라도 좋고, 시험에서 0점을 받아도 좋고, 화내도 좋고, 울어도 좋고, 무서워해도 좋고, 자기 비하해도 좋고, 훔쳐도 좋고, 사람을 죽이고 싶다고 생각해도 좋습니다. 이 아이는 훔치지 않을 수 없었습니다. 이 아이는 사람을 죽이고 싶다는 생각을 하지 않을 수 없었습니다. 그러니까 우선은 그 부분을 받아들였으면 합니다. 그리고 그다음에 물어보세요. "왜 훔치고 싶었어? 왜 사람을 죽이고 싶었어?"라고 물어봅니다. 쓸모없다고 생각하며 슬퍼하고 있는 이너차일드를 발견해 어떻게 해주길 바랐는지, 어떻게 하고 싶었는지 자꾸 물어보세요. 그리고 그 아이가 바라는 것을 상상 속에서라도 좋으니 이루어주세요.

부모의 잘못된 점을 용서하는 것은 모든 사람에게 큰 과제입니다. 부모를 받아들이기 위해서는 화가 나면 화를 내고 그 후 오는 슬픔의 감정을 느껴야 합니다. 부모는 부모 대로 자신의 이너차일드로 괴로워하고 있고, 그 이너차일드로 아이를 키우는 것입니다. 부모의 괴로움을 진심으로 알게 된다면 자연스럽게 용서할 수 있게 될 것입니다. 제 어머니는 아버지와 재혼을 했는데, 첫 결혼으로 낳은 아이가 있었습니다. 그런데 그 아이가 생후 3개월 무렵 무릎에 고름이 차서 일을 할 수가 없었습니다. 그래서 시어머니가 "친정으로 돌아가서 요양하고 오너라."라고 했습니다. 어머니는 "그래도 어머니, 아기가 있는데요."라고 했지만 "분유가 있으니까 괜찮다."라며 반강제로 친정으로 돌려보내졌습니다.

아무 소식이 없어서 3개월 후 다시 돌아가 보니 다른 여자, 즉 새로운 부인이 자신이 낳은 딸을 안고 있었습니다. 놀라서 집에 들어가려고 했더니 시어머니가 "안 된다! 이제 새 며느리가 와 있으니까."라며 가로막았습니다. 그리고 "여기에 네 짐은 다 넣어두었다."라며 작은 보따리와 함께 내쫓겼습니다. 어머니가 울타리 너머로 보니, 딸이 아기 다루는 게 서툰 새 며느리에게 안겨서 몸을 젖히며 울고 있었다고 합니다.

이 이야기를 들었을 때 저는 어머니가 불쌍하다는 감정이 생기지 않았습니다. 이것 또한 스스로가 불쌍하다는 생각에 가득 차 있었기 때문입니다. 타인보다도, 어머니보다도, 스스로가 불쌍하다는 생각이 가득했습니다. [제5단계 자기연민]

제가 고등학생일 무렵 성인이 된 그 아이가 진짜 엄마(저의 어머니)를 만나러 왔습니다. 저보다 꽤 나이가 많은 언니였습니다. 저는 어머니와 그 언니의 대화를 몰래 들었습니다. "돌아가라. 너에겐 어머니, 아버지가 있으니까…"라는 어머니에게 언니는 "어머니, 몇 년이라도 여기에 있게 해주세요."라고 부탁했습니다. 그러자 어머니는 "돌아가라. 나는 죽었다고 생각하거라."라고 대답했습니다. 그때도 어머니나 언니가 불쌍하다는 생각은 들지 않았습니다. 어머니도 언니가 돌아간 후 아무 일도 없었던 것처럼 행동했습니다.

이 이야기를 어른이 된 뒤 친구에게 했더니 그 친구는 남자인데도 눈물을 뚝뚝 흘리기 시작했습니다. 그리고 "너희 어머니가 불쌍하다."라는 것입니다. 저는 그때 '왜 우는 거지?' 정도로밖에 생각하지 못했습니다. 저는 잘 우는 아이였는데 울면 어머니에게 엄청 혼이 났습니다. 어머니가 목을 조르거나, 이불을 덮어씌워서 여러 번 죽을 뻔하기도 했습니다. 그래서 저는 어머니에 대해 밉다는 감정은 있어도 불쌍하다는 감정은 들지 않았던 것입니다. 친구가 운 것을 계기로 스스로를 어머니에게 대입해서 생각해보기로 했습니다. 내 아들이나 딸을 누군가에게 빼앗겨버리면 어떨까 하는 생각을 했습니다. 나였다면 미쳐 버렸을 것이라고 생각했습니다. 그리고 분명 어머니는 저를 보면 돌봐주지 못했던 그 아이가 생각나서 괴로웠을 것이라는 생각에 다다랐습니다. 첫째 딸의 울음소리에 귀를 막고 떠났던 경험이 저의 울음소리를 싫어하게 된 이유가 된 것일지도 모른다고 생각했습니다.

게다가 자신이 두고 온 아이와 똑같은 여자아이가 태어났으니 만약 나였다면 그 아이를 키울 수 있었겠냐는 생각도 들었습니다. 그러자 "어머니도 괴로웠구나!"라는 한마디가 툭 튀어나왔습니다. 어머니의 깊은 슬픔에 가닿아 눈물이 솟아 나왔습니다. 지금까지 어머니에게는 '남편이 죽고 혼자 감당한다고 괴롭고 힘들었겠지.'라는 감정은 있었지만 진정으로 어머니의 괴로움에 공감한 적은 없었고, 공감하려고 노력한 적도 없었습니다. 이때 처음으로 어머니가 얼마나 괴로웠는지 마음으로 알게 된 것입니다. 그 후 어머니는 폐결핵에 걸렸습니다. 동종요법에서는 슬픔에 의해 폐가 상한다고 알려져 있는데 어머니의 경우 너무나도 큰 슬픔으로 인해 폐결핵에 걸린 것이라 생각했습니다.

어머니는 여학교를 졸업해 그 시절 영어도 할 줄 아는 사람이었는데 반해 아버지는 전쟁에서 부상을 당해 다리가 아팠고 발음도 부정확했습니다. 어머니는 "그런 남자에게 누가 시집을 갈까 생각했었어."라고 자주 말했습니다. 하지만 어머니는 그 당시 무감정, 무감각한 상태였기에 "너는 한번 다녀왔으니 저 남자로도 충분하다."라는 주위의 말대로 결혼을 하게 된 것입니다. 무감정, 무감각한 채로 아이가 생겼고, 한 집안의 기둥이 되어 육체노동으로 아이를 키우며 온전히 힘든 인생을 살아온 것입니다.

어머니는 언제나 "나는 빨리 죽고 싶다."라던지 "살아있어도 재미가 없다."라는 말을 했고 아이들을 데리고 동반자살을 하려고 한 적도 있었습니다. 어머니는 제가 여섯 살 때 성폭행을 당했고, 아홉 살 때 칼에 찔렸습니다. 엄청나게 무서운 경험, 죽음의 공포를 느끼고서야 처음으로 어머니는 살고 싶다는 본능을 일깨울 수 있었습니다. 반대로 말하면 그런 사건이 없었다면 존재하고 싶다는 의식을 유지하는 것이 불가능했을 거라고 생각합니다.

실제로 그 사건 이후 자살 시도를 거의 하지 않게 되었습니다. 그러니 성폭행을 당했거나 칼에 찔린 것은 괴로운 일이지만 어머니를 죽지 않게 하기 위한 신의 계획이었을지도 모릅니다. 육체의 존재 의식을 느끼지 못하고 쉽게 죽고 싶다고 생각하는 사람은 과거에 누군가에게 홀대받은 적이 있을 것입니다. 그러나 그 누군가와 똑같이 자신을 하찮게 취급한다면 그것을 깨닫기 위해, 혹은 살아갈 힘을 되돌리기 위해 죽음의 공포에 직면하게 하는 사건과 만날 가능성이 있습니다. 이것은 어머니의 삶을 보면서 강하게 느낀 부분입니다.

제가 "엄마는 남자한테 성폭행당하고, 칼에 찔렸어도 잘 살아왔네."라고 말하면 어머니는 "살아갈 수밖에 없었다."라고 대답했습니다. 죽을 뻔한 일을 겪음으로써 '사는 것이 선'이라는 근원 마이아즘이 일어나 살아갈 힘이 생겼다고 생각합니다. 저도 '언제 죽어도 괜찮다.', '언제라도 죽을 수 있다.'라고 계속 생각했습니다. 절벽에 서서 '여기에서 누군가가 밀어주지 않을까.'라거나, '사고가 나서 죽었으면 좋겠다.', '과로사로 죽을 수 있을지도 모른다.'라고 생각하며 솔선수범하여 다른 사람의 일까지 했던 시기도 있었습니다.

[제7단계 빗나간 노력]

수십 년 만에 만난 그 당시의 친구가 "토라코는 죽고 싶다고 자주 말했었지."라고 말했지만 저는 전혀 기억하지 못했습니다. 그랬던 제가 궤양성 대장염(제8단계 죄의식과 자가 면역 질환)에 의해 죽기 직전까지 가서(제9단계 절망의 공포), 유체 이탈을 했을 때 "살고 싶다!"고 생각했습니다. 아마도 살아갈 힘을 되찾기 위해 궤양성 대장염에 걸려 죽을 뻔한 것일지도 모릅니다. 그런 생각을 하니 어머니는 충분히 고생했다는 것을 실감할 수 있었습니다. 어머니의 슬픔에 공감을 할 수 있게 되어 '아, 엄마도 행복해지고 싶었을 뿐이구나.'라는 것을 겨우 알게 된 것입니다. 그러자 저를 괴롭혔던 것이나, 때리거나 외양간 기둥에 묶었던 것, 이불을 덮어 죽이려고 한 것 등은 이제 괜찮다고 생각할 수 있게 되었습니다. 이렇게 괴로운 인생이었지만 어머니는 88세까지 살아내셨습니다. 돌아가신 엄마에게 말하고 싶습니다. "이제 노력하지 않아도 괜찮아. 져도 괜찮아. 울어도 괜찮아. 정말 괴롭고 괴로운 인생이었지."라고. 매일 아침 그렇게 말하며 어머니에게 반야심경을 보내고 있습니다. 어머니가 하지 못했던 이너차일드 치유를 살아있는 제가 어머니 대신해주고, 어머니에게 통하는 언령(말의 영혼)인 반야심경을 소리 내어 읽음으로써 돌아가신 영혼에게 빛을 밝혀 주는 것이라고 생각합니다.

이처럼 부모의 싫은 점을 받아들여 용서하는 것이야말로 태어난 우리들의 과제입니다. 그 과제를 달성하는 것이 삶의 목적입니다. '이너차일드 테라피스트 양성 코스'에서 제일 처음에 부모의 싫은 점을 써서 내도록 하는 것은 이러한 이유 때문입니다. 부모의 싫은 부분을 자신도 가지고 있음을 깨닫게 되면 깜짝 놀라지만 그건 어떤 의미로는 당연한 것입니다. 아이는 부모와 같은 가치관을 근본에 가지고 있습니다.

부모의 가치관을 거부하는 것처럼 보여도 그것은 대항 가치관이며 그 안에는 부모와 같은 가치관이 있습니다.

타인에게 무의식적으로 자신이 싫어한 부모처럼 행동하는 것이 그 증거입니다. 자신을 사랑해주지 않는 부모에게서 태어난 것은 영혼의 더러움을 깨끗하게 하기 위한 목적도 있습니다. 영혼의 더러움, 믿게 된 현세적 가치관에서 벗어나기 위해서는 자신과 똑같은 가치관을 가진 사람이 필요하기 때문입니다. 부모의 싫은 부분을 자신도 가지고 있기 때문에 부모를 부정하면 스스로도 알아차리지 못하는 사이에 자신의 이너차일드를 부정하는 것이 됨을 이제는 이해할 수 있을 것입니다. 그러니 부모의 싫은 점을 받아들여 용서하는 것이 이너차일드 치유의 핵심입니다.

제1장에서 말한 것처럼 부모와 같은 가치관을 가지게 되는 것은 부모 탓이라고 생각할지도 모르지만 그게 아니라 태어나기 전부터 같은 가치관(영혼의 더러움)을 가지고 있고 영혼을 깨끗하게 하기 위해 같은 가치관을 가진 부모를 선택해서 태어난다는 것입니다. 부모를 보고 이런 가치관은 필요하지 않다고 배우기 위함입니다. 그러니 부모는 자신의 영혼의 더러움을 보게 해주는 고마운 존재인 것입니다. 하지만 자신이 같은 가치관을 잠재의식 레벨에서 가지고 있기에 그 가치관으로 부정당하는 것에 대해 더 잘 받아들이

게 됩니다. 그러니 곧바로 그 가치관을 믿어 자신은 쓸모없다(사랑받을 가치가 없다)고 생각하는 것입니다. 그리고 우선은 슬퍼합니다.

다음으로는 '더 이상 슬퍼하고 싶지 않다.(사랑받고 싶다)'라는 만성의 공포로 인해 부모의 가치관에 비추어 가치가 있는 인간이 되려고 노력하게 됩니다. 노력해도 소용이 없다면(사랑해주지 않는다) 자신을 분열시켜 쓸모 있는 나와 대항 가치관의 나(IgE항체)를 형성하여 '부모가 나쁘다, 부모의 생각이 이상하다.'며 부모를 탓하기 시작합니다.(분노) 그러나 책임 전가가 될 뿐입니다. 아무리 반항해도 그 안에는 부모의 가치관을 믿고 있는 자신이 있기 때문입니다. 그 부분을 이해해야 합니다. 잘못을 지적받으면 '시끄러워, 나는 할 수 있어.', 혹은 반대의 가치관으로 '잘하지 못해도 괜찮아.'라며 반항하지만 쓸모없는 자신으로부터 도망치는 것일 뿐입니다. 누군가를 탓하는 한 영원히 해결하지 못합니다. 자신을 탓하는 경우도 마찬가지입니다. 그러면 어떻게 하면 좋을까요? 순서대로 설명하겠습니다.

**'부모에 대해 가지고 있는 감정에 공감한다.'**
원망한다면 원망, 분노한다면 분노에 공감하고 억압된 감정이 있으면 화를 내라고 스스로에게 말해주고 억압된 감정을 내보내게 하세요. 자신의 솔직한 마음을 존중하고 진짜로 느끼는 것을 이해하려고 하세요.

'부모의 싫은 점이 자신에게도 있음을 자각한다.'
부모가 어떤 가치관으로 자신을 부정한 것처럼 자신이 그 가치관으로 타인을 부정했던 것을 자각할 수 있다면 부모를 이해할 수 있게 되어 부모만 탓할 수는 없다는 것을 알게 될 것입니다. 그러면 싫다고 생각한 부분을 받아들일 수 있습니다.

'자신이 그 가치관으로 스스로를 부정해 왔음을 자각하고 근본이 되는 그 가치관으로 자기를 부정한 체험(부모로부터 부정당해 슬프다고 생각했던 것)을 떠올린다.(이너차일드를 발견한다)'
분노로 부모를 부정하거나 죄책감으로 자신을 부정하는 것이 아닌 부모에게 부정당해 슬펐던 경험을 떠올려 그때의 슬픔을 느낍시다. 어떤 가치관에 의해 스스로를 쓸모없다고 생각한 자신(이너차일드)을 발견하는 것입니다.

'이너차일드(쓸모없는 자신)를 치유한다.'
동시에 가치관에서 벗어납니다. 부모에게 부정당해 슬퍼하고 있는 이너차일드를 발견했다면 "슬펐지?"라고 말을 걸고 "어떻게 해주길 바랐어?"라고 물어봅니다. 그러면 "사랑해 주길 바랐어."

라고 말할 것입니다. 그러면 사랑해 주세요. "그런 가치관은 거
짓말이니 믿지 않아도 괜찮아."라고 가르쳐 줍니다.

### '부모를 용서한다.'

이너차일드를 치유할 수 있다면 부모를 용서할 수 있습니다. 그렇
기에 부모의 싫은 점을 받아들여 용서하는 것은 모든 사람에게 있
어서 큰 과제이며 그것을 달성하는 것이 삶의 큰 목적입니다. 이
것이 가능하다면 인간으로서 크게 성장할 수 있겠죠. 그리고 그때
진짜로 사랑한다는 건 어떤 것인지 알 수 있겠죠. 부모의 싫은 점
을 받아들여 용서함으로써 자신을 용서할 수 있게 됩니다. 또한
자신을 용서하는 것으로부터 부모를 용서할 수 있습니다.

누구라도 인간으로서 크게 성장하고 싶을 것입니다. 자신
을 해방하고 싶을 것입니다. 사랑한다는 것이 어떤 것인지
알고 싶을 것입니다. 그러기 위해서는 이너차일드를 치유하
고 자신을 용서하고 부모나 타인을 용서하고, 용서하고 또
용서하는 수밖에 없습니다. 타인을 탓하고 자신을 탓하고,
자신을 괴롭히고 타인을 괴롭혀 온 것에 사과해야 합니다.
"미안해, 스스로를 괴롭혀서. 미안해, 다른 사람을 괴롭혀
서. 미안해, 학생을 괴롭혀서. 미안해, 직원을 괴롭혀서. 미
안해 내 아이들아."라고 해보세요. 타인을 탓하고 자신을

탓하는 마음속 깊은 곳에서 슬퍼하는 이너차일드를 발견해서 치유해주세요. "사실은 어떻게 해줬으면 했어?"라는 한마디를 자신에게 물어봐 주세요.

어떤 부모라도 반드시 한두 번은 "네가 없으면 좋았겠다.", "너는 다리 밑에서 주워 왔다."와 비슷한 말을 한 적이 있을 것입니다. 그런 말을 들어보지 않은 사람은 자기부정을 할 필요가 없을지도 모르지만, 자신의 이너차일드를 깨닫기 위한 계기를 잡지 못한 채 인생을 보내기도 합니다. 그러니까 그런 말을 듣지 않았던 사람이라도 부모로부터 무시당하거나, 차가운 태도, 깔보는 듯한 태도를 경험한 적 없는지를 잘 생각해보세요.

한편, 우리는 '엄마는 아이를 사랑해야 한다.'라는 가치관에 얽매여 있습니다. 아이를 사랑할 수 없는데 쥐어짜듯이 애정을 쏟으려고 하면 힘들어집니다. 부모로부터 넘치는 사랑을 받은 사람이라면 자신의 아이를 사랑하는 것은 쉬울 것입니다. 사랑의 에너지가 가득하기 때문입니다. 하지만 부모에게 사랑받지 못한 사람은 그럴 수가 없습니다. 애당초 '엄마는 자식을 사랑해야 한다.'라는 가치관은 엄마에게 사랑받지 못했던 사람들이 어린 시절 그 가치관을 가지고 엄마에게 저항하기 때문에 형성되는 경우가 많지 않을까 싶습니다. 그렇게 되면 그 가치관에 사로잡힌 이너차일드가 있는 것이기 때문에 그 가치관으로 아이를 사랑할 수 없는 자신을 심판하는 것입니다. 그러니까 엄마가 싫다고 하는 사람도 그 속에는 엄마가 사랑해줬으면 하는 이너차일드가 있고, 그것이 이루어지지 않기에 대항가치관을 만들어 자신을 지키려고 했던 것뿐입니다. 사실은 결국 너무나도 엄마에게 사랑받고 싶고, 너무나도 엄마를 사랑하는 것이죠. 그래서 그 부분을 깨달을 수 있고 이너차일드로부터 진심을 들을 수 있다면 어른인 자신이 엄마를 대신해 이너차일드를 많이 사랑해주어 그 가치관을 느슨하게 만드는 것이 중요합니다.

부모도 기분이 안 좋을 때가 있고, 신이 아니니 항상 사랑할 수 없습니다. 그것은 괜찮습니다. 그런 부분을 이너차일드에게 타이르듯 전하면 보다 가치관을 느슨하게 만들수 있을 것입니다. 고갈되어 가는 사랑의 주머니를 쥐어짜내 아이를 사랑하려고 해도 찌꺼기밖에 나오지 않습니다. 항상 사랑이 가득한 주머니를 만들기 위해서는 어떻게 하는 게 좋을까요? 자신이 부정하며 두고 떠나왔던 이너차일드를 다시 찾아가 스스로 데려올 수밖에 없습니다. 즉 결국엔 부모를 용서하는 것입니다. 그 부분에서 많은 사람들은 생각합니다. 어째서 이런 부모 아래에서 태어난 것이냐고 모두 괴로워합니다. 요섬은 누구나 무조건 사랑받고 싶은 것입니다.

한 번은 아주 고집스러운 직원이 있었는데 몇 번을 말해도 제가 말하는 것을 이해하지 못하고 꿋꿋하게 자신이 올바르다고 하는 것입니다. 그 모습을 보자 '이 사람은 왜 이렇게 완고한 거지?'라며 화가 치밀어 올랐습니다. 그래서 저는 '어째서 고집이 센 사람을 상대하면 마음이 흐트러지는 것일까?'하고 스스로에게 물었습니다. 고집이 센 사람을 만나면 마음이 어지러워지는 건, 나 자신이 고집이 세다는 이유로 혼난 적이 있었기 때문이라고 생각했습니다.

스스로에게 "그럼, 왜 고집이 세면 안 돼?"라고 물음을 던지자 어머니에게 "넌 고집 때문에 정말 다루기 힘들다."라고 여러 번 들었던 것이 떠올랐습니다. 어머니가 말했던 '완고하지 않아야 한다.'는 가치관을 가지고 있다는 것을 알았습니다. 그러니 직원이 나쁜 게 아니었습니다. 내가 왜 고집이 강했는지 생각해봤습니다. 어릴 때 오빠의 돈을 훔쳐서 땅콩을 산 적이 있었습니다. 오빠들과 달리 용돈을 받지 못했기 때문입니다. 훔친 게 들통나서 어머니가 저를 외양간 기둥에 묶었습니다. 어머니는 "다른 사람 돈을 훔치는 건 도둑이다. 너는 언젠가 반드시 흉악범이 될 거야. 너 같은 도둑을 나는 낳은 적 없어. 너는 내 자식이 아니야."라며 혼을 내며 때렸는데, 잘못을 인정해버리면 어머니가 말한 대로 나쁜 사람이 되어 버리기에 저는 "안 훔쳤어."라고 우길 수밖에 없었습니다. 훔쳤다는 것을 인정하면 흉악범이 되어 감옥에 끌려가고 나쁜 사람이라는 꼬리표가 붙을 거라고 생각하니 무서워서 훔치지 않았다고 완강하게 우겼습니다. '오빠의 돈을 훔친 좀도둑' 정도였다면 "미안해. 내가 훔쳤어."라고 말할 수 있었겠지만 "반드시 흉악범이 된다."라고 도장을 찍어버렸으니 인정하기엔 겁이 난 것입니다. '이 세상의 대도둑'이라는 영화가 있었는데 그 제목을 볼 때마다 저와 관련된 말을 하진 않을까 하는 생각에 가슴이 두근거렸습니다. 그 정도로 무서웠기에 인정하고 싶지 않았습니다.

부모가 아이를 혼낼 때 존재를 전면 부정하는 듯한 꾸중을 한다면 그건 정말 큰 트라우마가 된다는 것을 여러분에게 알려드리고 싶습니다. 이런 일들은 아이에게 있어서 흔한 일이라는 것을 알아주셨으면 좋겠습니다. 예를 들어 "거짓말을 하면 지옥에 있는 도깨비가 혀를 뽑아 버린다!"라고 하는 말은 부모에겐 농담일지도 모르지만 아이의 입장에서 보면 정말로 무서운 일입니다. 사실은 부모에게 "너는 용돈이 없으니까 오빠 돈을 훔친 거겠지. 너도 용돈 받고 싶었지?"라는 한마디를 바랐던 것입니다. 이런 말을 들었다면 고집을 부리지 않고 끝났을거라 생각합니다. 하지만 실제로 저는 고집을 부리게 되었고, 한편에선 어머니의 '고집부리면 안 된다.'라고 하는 가치관을 가지고 완고한 자신을 탓하고 타인을 탓하는 것을 알아차리게 하기 위해 고집 센 사람이 제 주위에 모였던 것입니다.

모든 정답은 내 안에 있기에 타인에게 화가 난다면 왜 이렇게 화가 나는지를 자신에게 물어보는 것이 중요합니다. 저는 타인의 고집스러움을 탓하는 것으로 결과적으로는 스스로의 완고함을 탓했던 것이기에 고집 센 사람을 탓하고 싶어진다는 것을 잘 알게 되었습니다. 그리고 부모의 가치, 부모의 싫은 점을 조금씩 받아들여 봅시다. 저도 그것만큼은 죽을 만큼 싫었습니다. 어머니는 "자식 따위 없었으면 좋았을 텐데."라고 말했었고 결국엔 우리들을 데리고 벼랑에 서서 "너부터 떨어져라."고 다그친 부모입니다. 이런 부모의 싫은 점을 받아들이라니 절대 불가능하다고 생각했습니다. 이불에 눌려 죽을 뻔한 적도 있으니까요. 그래도 조금씩 어머니를 받아들일 수 있었고 나중엔 오히려 어머니가 불쌍했습니다.

이너차일드, 쓸모없는 자신을 찾으려면 분노로 부모를 부정하거나 죄책감으로 타인을 부정하는 것이 아닌 부모에게 부정당해 슬펐던 것을 떠올립니다. 반드시 슬퍼하고 있을 것입니다. 그때의 슬픔을 느끼는 것. 그리고 부모에게 들은 말로 인해 자신의 가치관을 만들고, 그 가치관으로 스스로를 탓한 이너차일드를 발견하는 것. 그 과정에서 타인에게 화를 내거나 스스로를 탓하거나 죄책감을 가지거나 하며 도망가지 않는 것. 이너차일드, 쓸모없는 자신을 치유하기 위해서는 동시에 가치관에서도 벗어날 필요가 있습니다.

부모에게 부정당해 슬퍼하는 이너차일드를 발견했다면 "슬펐지? 괴로웠지?"라고 말을 걸어줍니다. 그리고 어떻게 해주길 원했는지 물어보세요. 그러면 대체로 사랑해주길 원했다고 합니다. 그러니 당신이 사랑해주면 됩니다. "별일 아니야, 고작 오빠 돈을 훔친 것 정도는 아무것도 아니야."라고 말해주는 것입니다. 그 가치관, 자신이 나쁘다거나, 부모를 행복하게 하지 못하는 나는 쓰레기라거나, 도둑질을 해서는 안 된다는 가치관은 거짓말이니 믿지 않아도 된다고 가르쳐 주는 것입니다.

## 마지막으로

저는 인생을 60년 가까이 살아왔습니다. 인생을 살아가며 남을 원망하고 남에게 미움받고 스스로를 싫어하고 '산다는 것은 왜 이리도 괴로운 걸까?'라고 생각했습니다. 이 세상 어디에도 나 자신으로 존재할 수 있는 장소는 없었고, 하고 싶은 말도 하지 못한 재 삭게 웅크리고 살았습니다.

많은 트라우마를 가지고 있었고 이너차일드가 계속 형성되어 어디서부터 손을 대야 할지 모를 정도였습니다. 고통을 느끼지 않고 편안하게 살아가는 사람들을 부러워했던 젊은 시절, 제 친구는 바다로 산으로 여행하며 인생을 즐기고 있었습니다. 저는 권유받아도 그런 것을 즐길 여유가 없이 그저 일만 했습니다. 이게 부잣집 아가씨와 가난한 집 딸의 차이라며 무상관(無常觀)에 젖어 있었습니다. 하지만 사는 것에 대한 괴로움이 저를 이너차일드 치유로 이끈 것은 분명한 사실입니다. 고통스럽기에 스스로를 바라보는 것입니다. 괴롭기에 스스로를 바라보는 것입니다. 그 덕분에 진정한 행복이 무엇인지 알게 되었습니다. 저에게는 놓지 못한 가치관이 아직도 있습니다. 그래서 괴로움도 아직 있습니다. 하지만 괴로움도 감사하다고 생각합니다.

이 책의 프롤로그에서 **현실을 바꾸고 싶다면 기도하는 것이 아니라 행동을 해야 한다**고 말했습니다. 하지만 현실을 바꾸기 위한 행동력은 그에 상응하는 고통에서 비롯됩니다. 진지하게 고민하고 있는 사람만이 스스로를 바꿀 수 있을지도 모릅니다. 사람은 자칫, 고통이 없어지면 행동하는 것을 멈추게 되기 때문입니다. 그런 의미에서 사람은 고민한 만큼만 행복해지는 것일 수도 있습니다. 본래의 자신으로 돌아가기 위해 고민하고 괴로워하는 것이 필요한 것 같다는 생각이 듭니다. 그렇기에 마이스터 에크하르트가 말한 '우리의 고뇌가 곧 신이며, 신이 곧 고뇌다.'라는 말의 의미를 잘 알 수 있습니다. 저를 여기까지 인도해 준 것은 틀림없이 고뇌입니다. 그래서 힘들고 고달픈 인생이었지만 지금은 진심으로 감사하고 있습니다. 엄마! 고마워요. 하느님! 감사합니다. 그리고 열심히 살아온 스스로에게도 고맙습니다.


◈ 유이 토라코의 삶의 철학 ◈

① 원인과 해결법은 모두 자기 안에 있다

② 극복할 수 없는 고난은 없다

③ 지금 여기에 있는 것에 감사한다

④ 자기를 용서하고 사랑한다

⑤ 눈에 보이지 않는 존재에게 도움을 받고 있다는 신앙심

⑥ 이렇게 목숨이 붙어 있는 것은 모든 것의 덕이다

⑦ 자기답게 본심으로 살아간다


동종요법의 은혜가 모든 것에 쏟아지기를!
만물 생명 그 존재 자체에 감사하고 생명 자체로 살아가기를!

이너차일드 케어 코스 체험담

이너차일드 치유 상담 사례

**【이너차일드 케어 코스 체험담 1】**


## 감정의 열쇠, 이너차일드


조장희


일본에 사는 남동생이 딸을 데리고 오랜만에 집에 왔다. 조카를 그동안 코로나로 만날 수 없다가 태어난 지 2년 만에 실물 영접을 했다. 올케는 다른 일로 같이 오지는 못하고, 2주 후에 따로 오는 일정이라 조카는 생애 처음으로 엄마와 떨어져 있게 되었다. 조카를 보고 있으면 그야말로 반짝인다. 쉴 새 없이 움직이는 몸은 세상에 대한 호기심으로 가득 차 있다. 낮에는 즐겁게 잘 놀지만 밤이 되어 잘 시간이 되면 어김없이 엄마를 찾는다. 세상 서럽게 울고 있는 조카를 보고 있노라면 잊혀졌던 나의 기억도 떠오른다.

"엄마, 엄마아~" 노오란 은행잎이 사방에 깔려 있는 가로수길. 엄마를 찾아 정처 없이 헤매지만, 어디에도 엄마는 보이지 않는다. 계속 길을 걷다 보면 엄마가 나올까? 신기 않고 걸었지만 엄마를 만날 수 없었던 선명한 4살의 기억이 살아난다. 엄마와 떨어져 있던 시간은 고작 1시간 남짓이었다. 그 순간의 기억과 감정이 세세하게 기억나진 않지만 그때 내 마음에 각인된 이미지는 지금도 생생히 떠오른다. 이너차일드 공부를 하기 전까지 이 기억은 그저 기억일 뿐이었다.

키세이 선생님과 이너차일드 공부를 하면서 불편한 감정의 최초 기억을 찾아가다 보면 종착역은 언제나 이 기억이었다. 엄마를 잃어버린 충격을 아직 제대로 소환해낼 수는 없다. 그저 짐작할 뿐이다. 지금껏 이 기억의 필터로 세상을 바라보았기에 그렇게 방어적이었다는 것을 알아차리게 되었다. 나 스스로가 조금씩 이해된다. 이제 이 기억들은 내 감정들의 열쇠가 된다. 삶을 살며 불현듯 올라오는 막연한 두려움들에 당혹스러운 순간들이 참 많았다. 잠을 자고 일어나서 혹은 갑작스레 엄습해 오는 두려움, 아무런 이유 없이 올라오는 두려움 등이 당혹스러웠지만 이유를 알 수 없어 속절없이 끌려 다녔었다. 이너차일드 공부를 시작하고 그런 불편한 감정들이 일어난 순간의 상황을 최대한 객관적으로 적어 내려가 보았다. 그리고 그 순간의 감정을 돌아봤다. 부끄러움, 슬픔 그리고 두려움. 이런 감정들이 느껴졌던 기억들을 더듬어 보기도 했다. 그럴 내마다 나는 어김없이 4살의 '나'와 만나게 된다.

"많이 무서웠지?" 말을 걸었지만 아이는 답이 없다. 그저 얼어있는 아이에게 조심스레 다가가 안아준다. "엄마 찾아 줄게. 같이 찾아보자.", "엄마는 나를 소중히 여기지 않아. 이렇게 나를 두고 가버렸잖아." 아이는 엄마를 믿지 않는다. 손을 잡고 옆에 앉았다. 그렇게 함께 시간을 보낸다. "정말 무서웠구나. 이제 다시는 혼자 두지 않을게. 언제나 같이 있을게." 아이를 업어주기도 하고, 안아주기도 한다. 함께 기억 속을 거닌다. 그 기억 속엔 온통 엄마뿐이었다.

"엄마, 내 곁에 있어 줘!" 울부짖는 아이. 그런 아이를 다시 꼬옥 안아줬다. 그렇게 잃어버렸던 엄마를 늘 그리워 한다고 정작 내 곁에 있는 엄마는 외면했나 보다. 엄마가 나한테 무엇을 해 주어도 만족스럽지 않았다. 엄마가 나에게 너무 요구해서 힘들다고만 생각했는데, 사실은 그런 불만족스러운 마음으로 알 수 없는 요구를 하는 내가 엄마 역시 너무나 힘들었겠다는 생각이 들었다. 4살의 나는 아직도 엄마를 찾고 있다. 하지만 얼어있던 아이는 조금씩 움직이기 시작했고, 울음을 멈추는 날도 생기게 되었다. 아이에게 생기가 차오르면서 불쑥 찾아오는 두려움도 점점 사라져 갔다. 그리고 두려움이 찾아와도 이제는 두려움에게 머물 자리를 마련해 주고 나는 내 삶을 누리고 있다. 언제나 나

와 함께 할 내가 있기에, 4살의 나에게도, 지금의 나에게도
세상은 더 이상 두려운 곳이 아니다. 세상에 대한 호기심으
로 가득 찬 조카처럼, 다가올 삶에 다시 마음을 활짝 열어
본다.

# 몸마음밸런서 김주리를 사랑합니다

김주리 인스타그램@balancer_juri

'임신, 출산, 육아, 과연 내가 잘 해낼 수 있을까?' 두려움이 엄습해서 닥치는 대로 육아서를 읽기 시작한 신혼 시절의 기억이 떠오릅니다. 육아서로 시작된 독서는 마음 관련 분야로 확장되었고 이를 통해 어느 정도는 불안감을 해소할 수 있었습니다. 두 딸과의 달콤한 육아를 즐기다가 불현듯 찾아온 부모님들의 건강 문제는 동종요법 이너차일드 치유의 길로 저를 인도해주었습니다.

저는 폐암 진단을 받으신 시아버지 케어, 치매가 진행 중인 시어머니 케어, 사고로 거동이 불편한 아버지를 돌보며 신세를 한탄하시는 친정어머니 케어 등 가족관계에서 여러 가지 역할을 수행하며 애쓰다가 결국 벼랑 끝에 몰려 스스로가 만든 고통의 클라이맥스를 경험하게 되었습니다.

고난도의 상황과 등장인물, 복잡한 역할 수행의 장치들은 내가 그동안 나로 살지 못했다는 알아차림과 수용을 선물해 주었습니다. 어려운 시나리오를 선택한 덕분에 내가 그토록 원망하던 가족은 내 속에 가득 차 있는 감정적 억압의 해방을 돕기 위한 위대한 스승이자 내면의 사각지대를 비춰주는 반사경임을 자각하면서, 나 자신의 관념과 관점을 제외하고는 그 어떤 것도 바꿀 것은 없다는 인생 교훈을 얻게 되었습니다.

　게임을 통해 레벨을 상승시켜가는 프로게이머처럼 단계별로 무의식과 잠재의식에 도사리는 두려움, 불안, 걱정을 직면하면서 종이호랑이에 불과한 현세적 가치관의 결박을 풀어내고 영웅의 여정을 꽃 피웠습니다. 관점 하나만 바꿨을 뿐인데 내가 살고 있는 세상이 통째로 바뀌었습니다. 내가 살고 있는 세상은 내면의 반영이기 때문입니다. 타인의 인생을 살고 있던 어린아이를 구출해내고 고유한 빛깔을 되찾아 나로 살고 있는 기쁨을 흠뻑 누리고 있는 지금 이 순간, 저에게는 1분 1초가 기적입니다.

　무슨 일이든지 완벽하게 잘 해내서 엄마를 기쁘게 해주고 인정받기 위해 애쓰는 어린아이에게 "완벽하지 않아도 괜찮아. 너의 존재 자체로 고마워. 살아서 숨 쉬고 있음에 감사해."라고 말해 줍니다. '사랑받는 것은 선이다.'라는 가치관은 사라지고 '내가 사랑이고 사랑의 확장이다.'라는 깨달음을 통해 더 이상 그 누구에게도 사랑을 구걸할 필요가 없어졌습니다. 성장 과정에서 경험한 가난의 결핍도, 부모님의 불화와 질병도, 모두 나의 치유를 도와주는 고마운 레메디(자극제)입니다. 자연과의 인라케슈(나는 또 한 사람의 당신입니다)는 이너차일드 치유에 촉매제 역할을 해주었습니다.

코즈믹 캘린더를 사용하고 자연을 의식적으로 관찰하면서 동식물, 사람, 우주가 하나로 연결되어 있는 강력한 일체감(oneness)을 경험했습니다. 각자 다른 나로 자란 하나의 우주가 자연 파괴를 멈추고 자연의 시간을 되돌리며 고차원의 시간에 연결된 문명을 만들어 가는 모습을 매일 선명하게 그려 봅니다.

감정과 생각을 나와 동일시하며 스스로 고통을 창조하던 지난날 덕분에 이제는 어떠한 현실이든지 펼쳐진 그대로를 사랑하고 수용하며 현존합니다. 마음공부를 하고 있지만 여전히 현실과 싸우며 질병, 통증과 혈투를 벌이는 분들께 이 책을 추천합니다. 몸에 나타난 증상이 마음의 문제를 들여다보라는 고마운 메시지, 의식의 성장을 위한 멋진 초대장이자 신의 선물임을 알아차릴 수 있도록 도울 것입니다. 혼자 알아차리기 어렵나면 동종요법 이너차일드 마스터의 도움을 받아보세요. 내가 질병으로 고통받을 수밖에 없었던 이유를 몸, 마음, 영혼의 전인적 관점에서 명쾌하게 설명해 줄 것입니다. 세상이 주입하는 가치관에 오염되어 고유한 인생의 목적을 잠시 상실했으나 되찾길 원하는 분들에게는 이정표가 되어줄 것입니다.

'과연 어떤 지혜를 획득할 필요가 있어서 이 일이 현실에 펼쳐진 것일까?' 보물찾기를 즐기는 순수한 어린아이의 시선으로 그저 바라보고 흘려보내면서 숨겨진 보물을 발견하는 기쁨을 누려보세요. 그러면 인생은 흥미진진한 놀이기구로 가득 차 있는 최적의 놀이동산이 됩니다. '나' 없이 바라보는 세상은 아주 강렬합니다. 사물에 붙여진 이름표를 모두 떼어버리고 기준, 기대, 추구, 판단 없이 있는 그대로의 세상을 바라보면 "Time is Art" 인공적인 시간에서 해방되고 자연의 리듬에 맞춰 춤을 출 수 있습니다. 지금도 언제나 누구든지 선택하기만 하면 됩니다.

『이너차일드는 원하고 있다!』를 통해 의식 확장의 기회를 주신 유이 토라코 선생님께 감사 인사를 드립니다. 유이 토라코 선생님의 지혜와 경험을 한국 땅에 아낌없이 나눠 주시고 척박한 토양에 동종요법이 뿌리내릴 수 있도록 시대적 소명을 감당해 주시는 하세가와 키세이 선생님께도 사랑을 보내드립니다. 찬란한 햇빛이 수면에 부서져 반짝이는 금빛 물결로 일렁이는 바다처럼, 이너차일드 치유의 물결이 각 가정에서 일어나 애벌레가 나비가 되어 훨훨 날아다니는 모습을 생생하게 그려 봅니다. 온전하고 완벽한 새로운 창조의 순간에 감사하며 이너차일드 치유를 통해 몸마음밸런서로 다시 태어난 나를 사랑하고 현재를 축복합니다.

## 나에게 친절히 대하는 방법

최세민

일상 중에 어떤 감정이 올라올 때, '에고가 뭉쳐있구나. 풀어줘야겠다.'라고 생각하고 심호흡을 했습니다. 바로바로 감정 상태를 알아차리고 보내주게 된 건 그리 얼마 되지 않았습니다. 저는 장애가 있는 둘째를 낳고 인생에서 가장 힘든 시기를 보냈습니다. 개인 심리상담도 1년 넘게 받으며 주변에 여러 가지 도움을 찾던 중에 우연히 알게 되어 배우기 시작한 게 동종요법입니다. 처방받은 레메디를 저도 먹고 아이에게도 먹이면서 여러 도움을 받고 있고 흥미도 느껴서 계속 공부를 하게 되었습니다. 그러다가 몸과 마음이 어느 정도 건강해졌을 때 키세이 선생님의 이너차일드 강의를 1년 동안 들으며 공부했습니다.

반복해서 경험하는 관계의 갈등과 감정의 패턴을 알아차

리게 되었고 그 감정의 근원에 상처받은 내면아이(이너차일드)가 있다는 것을 깨닫고 치유하는 과정을 배우게 되었습니다. 일각에서는 이너차일드가 말이 안 된다고 하기도 하지만, 반복되는 감정 패턴은 누구에게나 있기 마련이고 그것의 이름을 이너차일드라고 부르든, 트라우마라고 부르든, 감정 촉발 트리거(Trigger)라고 부르든 표현이 다를 뿐이라고 생각합니다.

저에게는 확실하게 반복되는 감정 패턴이 있었고, 1년 동안 동종요법 이너차일드 공부를 하고 연습 모임에서 과거의 감정을 해방하는 작업을 꾸준히 하면서 그 패턴의 뿌리를 어느 정도 알게 되었습니다. 한 번의 깨달음을 얻는다고 해서 갑자기 모든 인간관계가 편해지고 마음이 평온해지는 건 아니었습니다. 비슷한 상황에서 또 자극을 받기도 하고, 습관대로 대응을 했다가 후회하기도 했지만 제 감정을 알아차리는 속도가 점점 빨라지는 것을 느꼈습니다. 그리고 감정에 휩싸여 허우적대는 것에서 벗어나 거리를 두고 바라보고, 숨을 고르고, 감정에 잡아먹히지 않고 흘려보낼 수 있는 힘도 생기게 되었습니다.

눈에 띄게 달라진 점은 저를 사람들에게 드러내는 데에 대한 저항감이 크게 줄었다는 것입니다. 출산 전에 직장에서 있었던 갈등이 트라우마처럼 남아서 위축되어 지낸 시간이 길었는데 아이를 낳아 키우고, 개인 상담을 하면서도 잘 해소가 되지 않았던 감정들이 이너차일드 공부와 상담, 연습 모임을 하면서 많이 풀어졌습니다. 완벽주의 성향도 전보다 누그러졌습니다.

"애쓰지 않아도 괜찮아. 잘하지 않아도 괜찮아. 너는 있는 그대로 충분해." 제 내면아이에게 계속해준 말들입니다. 내면아이에게 말을 걸고 과거에 매우 고통스러워하던 순간으로 돌아가 저를 안아주면서, 어느 순간에도 나는 혼자가 아니라는 것을 알게 되었습니다. 세상 사람들이 나에게 어떻게 대하든, 나만은 언제나 나를 사랑해주고 안아줄 수 있다는 것도 깨달았습니다. 나를 치유하는 힘이 내 안에 있다는 것을 배웠고, 체험했고, 완전히 믿게 되었습니다. 그래서 이제는 새로운 일에 적극적으로 도전하고, 실패해도 전처럼 좌절하지 않고 툭툭 털고 또 다음 일을 시도하는 힘이 생겼습니다.

인생에 적어도 한 번쯤은 내 안의 내면아이를 만나고, 치유하는 작업을 하면 지금을 살아가는 데에도 많은 도움이 됩니다. 현대인들은 자연과 우주와 분리되고 사회로부터 소외되면서 크고 작은 마음의 상처를 갖고 있습니다. 내가 내 마음을 돌보지 않으면 누가 돌봐줄까요. 동종요법 이너차일드 테라피는 나를 친절하게 대하는 삶의 지혜입니다.

**【이너차일드 치유 사례】**

상담자: 하세가와 키세이

(동종요법 전문가, 홀리스틱 호메오퍼시 대표)

## 대상: 이너차일드 케어 코스 수강생 30대 여성 주부

### [치유 전 상태]

남편과의 관계가 어렵다. 남편에게 분노가 있다. 사소한 것으로 분노가 폭발한다. 마음속에 덩어리가 있다. 현실도 피를 위한 공상을 한다.

### [어떤 상태가 되고 싶은가]

아이나 남편에게 화를 내지 않고 마음이 편안해지고 싶다.

### [3개월 후의 변화]

전체적으로 70-80% 호전되었다. 남편에 대한 분노가 9에서 7정도로 떨어졌다. 감정의 기복도 8에서 4.5정도이다. 사소한 것으로 흥분하지 않게 되었다. 내 속에 무엇인가 있

는 감각과 공상의 세계에 들어가는 일도 6에서 3정도 낮아
졌다. (지표는 가장 심각한 상태를 10으로 하여 주관적인
정도를 숫자로 표현하도록 했다.)

## [1년 후의 변화]

남편에 대한 분노는 4, 감정의 기복은 2.5, 우울감 1, 내
속에 무엇인가 있는 감각과 공상의 세계에 들어가기 2.
남편 행동의 모든 것이 마음에 안 들고 부부관계가 안 좋
아지면서 증오까지 느꼈던 상태였다. 고통스럽고 죽고 싶은
마음마저 들기도 했다. 남편이 밉고, 죽고 싶은 마음이 올
라오는 것을 회피하기 위해 이 수업을 수강하기 시작했다.
매달 하는 감정일기 쓰기, 연습과 상담을 통해서 여러 알아
차림이 있었다.

'내가 생각한 것처럼 상대방도 움직여야 한다.'라는 가치
관이 있는 것을 알아차렸다. 항상 어머니한테 '이럴 때는
이렇게 해야지, 저렇게 해야지.'라는 지적을 받아왔다. 어머
니가 집에 오기 전에 해야 할 가사 일이 있었고, 그것을 해
놓아도 잘못을 하면 지적을 받는 것이 싫었다. '잘하지 못
한 아이'가 되기 싫었고, '완벽하게 해야 한다.'라는 가치관
이 형성되어 열심히 했다. 열심히 해도 아이가 한 것이기에
당연히 부족한 것이 있었을 것이다. '나는 열심히 했는데….'

항상 짜증을 내는 어머니에 대한 분노와 이해받지 못한 슬픔이 있었다. 게다가 그렇게 싫었던 짜증 내는 엄마의 모습을 스스로 하고 있다는 것을 알아차렸다. A씨의 아이들이 어린 시절의 A씨와 겹치는 것도 알아차리게 되었다. 아이에게 어린 시절에 어머니에게 듣고 싶었던 말을 할 수 있도록 이미지 속에서 어린 자신에게 그때 듣고 싶었던 말을 전달하는 작업을 하도록 했다.

수강하고 3개월이 지날 때쯤 심각했던 분노가 절반이 되었다. 마음이 갈수록 편안해진 상태였다. 수강한 지 6개월이 될 무렵에 사건이 일어났다. 남편이 한 행동을 이해할 수 없었고 그것에 대한 분노, 허무감, 무엇을 해도 소용이 없어서 좌절감이 올라왔다. 결혼 초기에 느꼈던 감정이 다시 올라오면서 이때까지 이런 감정을 회피했다는 것을 알아차리게 되었다. 이 감정에 있던 가치관은 '자기 마음대로 사는 것은 안 돼. 주변 사람들을 배려해야 한다.'였다. 권위 앞에서 무엇을 해도 인정 못 받고 무기력했던 감정이 올라왔다. 이 권위적인 존재는 바로 어머니였고 항상 어머니 표정을 살피면서 커 온 어린아이가 나였다. 그래서 남편도 전면에서 볼 수가 없었다. 하지만 '이제는 무시하고 싶지 않아!'라는 생각을 했다고 한다.

수강하고 1년이 될 무렵에 '나는 부족한 아이이기 때문에 모든 것을 잘해야만 한다. 상대방(어머니)을 실망시키면 안 된다. 착한 아이가 되어야 한다.'라는 가치관을 찾아냈다. 자기 자신이 부족한 존재로 태어났다는 것에 대한 분노, 슬픔, 조건이 있는 사랑을 해왔다는 것을 알아차리게 되었다. 지금까지 스스로를 소중히 여겨왔다고 생각했고 자존심도 있다고 생각했지만 아니었다는 것을 알게 되었다. 이것은 스스로 만들어낸 허상이고 사실은 근본적인 부정과 존재가치를 부정하고 있었다는 것을 알아차렸다. 그전에도 알아차린 가치관이 많았지만 이 알아차림은 매우 큰 충격으로 다가왔다.

태아기로 돌아가서 자기가 자신인 어린아기를 품고 무조건적으로 받아들여 배 속에 있는 나의 어린아이를 사랑으로 키우는 이미지를 상상했다. 이것은 스스로 자신을 사랑하는 작업이고 무조건적인 사랑으로 나를 사랑하게 되어 상처받은 아이가 치유되어 갈 수 있도록 한 것이다. 스스로를 사랑하는 것이 타인을 사랑하는 것보다 훨씬 어렵다. 스스로를 사랑하는 연습을 하고 나니 생각지도 못한 사람한테서 선물의 말을 듣게 되었다. "아이들 키우는데 애 많이 썼다. 열심히 하고 있구나!" 이너차일드가 치유되기 전까지 이 말을 얼마나 듣고 싶었을까…. 치유가 되니 이런 선물을 받게 된다고 생각했다.

## [종합 의견]

이번에 소개한 수강생은 '나는 부족한 아이다. 그러니까, 우수해야 한다, 완벽하게 해야 한다.'라는 가치관을 자주 나타내는 분이었다. '나는 부족한 아이다.'라는 가치관은 조건이 있는 사랑에 응하려고 노력하는 모습을 볼 수 있다. 이것은 이 책에 나온 단계로 보면 3단계의 슬픔에 해당한다. 슬픔으로부터 조건이 있는 사랑에 대해 대응하려고 노력한다. 그런데, 이것을 억압하면 '모든 것을 잘해야 한다, 어머니를 실망시키면 안 된다.'라는 가치관을 만들어내고, 부정을 당한다. 그렇게 되면 다음의 4단계의 만성 공포가 된다. 두 번 다시 상처를 받지 않으려고 '모든 것을 잘해야만 한다.'라는 가치관이 만들어진다. 하지만 노력을 해도 인정을 못 받아서 5단계의 분노로 넘어가 버린다. 칭찬을 안 해준 어머니에 대한 분노, 자신이 아무리 노력해도 보답을 받지 못한 분노가 있었다.

남편과의 관계에서 이 분노는 강화되었고, 증오로 폭발했다. 7단계의 증오로 건너간 것이다. 그러다 무엇을 말해도 통하지 않고, 대화가 이루어지지 않는 절망감에 죽고 싶고, 어디로 도망갈 수도 없는 갇힌 상황, 어떻게 할 수 없는 절망감인 9단계로 넘어가게 되었다. 그 후에 아무 일도 없었던 것처럼 회피하면서 가면을 쓰고 지냈다. 이것이 10단계의 무감정이다. 가면을 쓴 상태에서 조금 자극을 받으면 분노와 증오(7단계)가 폭발하는 단계일 때 이너차일드 케어를 시작했다. 분노가 폭발했던 것은 3개월이 지나자 약해지고, 남편과의 관계도 호전되었다. 이때 문제가 다 해결된 것처럼 보였는데 사건이 터지면서 권위 앞에서는 무엇을 해도 무의미하고, 무기력, 무력감을 느끼는 상태가 되었다.(9단계) 그 후에 '나는 부족한 아이로 태어났다.'라는 것을 자각하게 되었다. 3단계의 슬픔으로 돌아간 것이다. 그 후에 스스로를 무조건 받아들이고, 내면의 어린아이를 키워나가는 과정을 계속하고 있다.

## 옮긴이

**박혜정**

한국예술종합학교  영상원 중퇴 후 풀무농업고등기술학교 생태농업전공
과정과 사이버한국외국어대학교 일본어학과를 졸업했다.  충남 홍성에 살
며  사진 작업과 번역을 하고 있다.
번역서: 『허브  마더팅크처』

## 감수 및 자문

하세가와 키세이(長谷川希生)

JPHMA인증호메오퍼스 취득. ZEN메소드 전문가 인증. JPHMA애니멀 호메오퍼스 취득. JPHF인증 이너차일드 세라피스트 취득. 일본 간다(神田)외대 한국어학과를 졸업하고 충남 홍성에 있는 풀무농업고등기술학교에서 일본어 강사를 3년 동안 했다. 아이를 낳고 키우면서 동종요법을 만났고, 2006년 말부터 동종요법을 사용하기 시작했다. 2010년 봄부터 충남 홍성군 홍동면 지역에서 관심이 있는 엄마들과 함께 동종요법 공부모임을 시작해서 지금에 이르고 있다. 2010년 12월에 일본 '하네만 아카데미' 셀프 케어 어드바이저 스쿨(SAS)을 수강 후 일본 College of Holistic Homoeopathy에 입학, 2017년에 졸업하고 호메오퍼스자격증을 취득. 2018년 봄부터 네이버 블로그 '홀리스틱 호메오퍼시 연구소 무지개'를 운영하고 동종요법 건강상담을 하고 있다.

번역서: 『동종요법 가이드북』, 『동종요법 가이드북 어린이편』, 『동종요법 임신과 출산』

**이너차일드는 원하고 있다!**

**インナーチャイルドが願ってる!**

**초판 1쇄 발행일** 2022년 11월 3일

| | |
|---|---|
| 지은이 | 유이 토라코 (由井寅子) |
| 옮긴이 | 박혜정 |
| 감 수 | 하세가와 키세이(長谷川希生) |

| | |
|---|---|
| **펴낸곳** | 햇무리 |
| **펴낸이** | 최진혁 |
| **만든이** | 보리 |
| **교열 교정** | 이수연 황선영 |
| **표지도안** | 반정윤 |

| | |
|---|---|
| 등록 | 제2020-000001호 |
| 주소 | 경북 영주시 문수로 497-25 |
| 전자우편 | haesmuli@naver.com |

ISBN 979-11-9725-67-1 4        값 20,000원